Sustainable Growth
Total Factor Productivity

History and Future

● 高芸 等著

农业全要素生产率
提升的可持续推动力研究
—— 基于历史和未来的角度

中国农业科学技术出版社

图书在版编目（CIP）数据

农业全要素生产率提升的可持续推动力研究：基于历史和未来的角度／高芸等著．--北京：中国农业科学技术出版社，2022.8

ISBN 978-7-5116-5869-2

Ⅰ.①农⋯ Ⅱ.①高⋯ Ⅲ.①农业生产-全要素生产率-研究-中国 Ⅳ.①F323.5

中国版本图书馆 CIP 数据核字（2022）第 150064 号

责任编辑	崔改泵　褚　怡
责任校对	马广洋
责任印制	姜义伟　王思文

出 版 者	中国农业科学技术出版社
	北京市中关村南大街 12 号　　邮编：100081
电　　话	（010）82109194（编辑室）　　（010）82109702（发行部）
	（010）82109709（读者服务部）
网　　址	http://www.castp.cn
经 销 者	各地新华书店
印 刷 者	北京建宏印刷有限公司
开　　本	170 mm×240 mm　1/16
印　　张	9
字　　数	167 千字
版　　次	2022 年 8 月第 1 版　2022 年 8 月第 1 次印刷
定　　价	50.00 元

◆◆◆ 版权所有·翻印必究 ◆◆◆

资助项目

本书得到国家社科基金一般项目"供给侧结构性改革视角下农业全要素生产率增长可持续动力分析与国际比较"(16BJY007)和中国农业科学院协同创新项目"新时期国家粮食安全战略研究"(CAAS-ZDRW202012)资助

《农业全要素生产率提升的可持续推动力研究
——基于历史和未来的角度》
著者名单

主　著：高　芸（中国农业科学院农业经济与发展研究所　副研究员）
参著人员：赵芝俊（中国农业科学院农业经济与发展研究所　研究员）
　　　　　陈　耀（甘肃农业大学　副教授）
　　　　　符　莉（农业农村部规划设计研究院农业农村区域发展
　　　　　　　　　研究所　助理研究员）
　　　　　包月红（农业农村部农村经济研究中心　助理研究员）

前　言

　　第一次农业绿色革命将肥料生产和育种从农民生产活动中分离出来，有效提高了投入产出效率，形成了新的生产投入结构。自 1837 年铁犁发明之后至 20 世纪末，农业机械替代劳动力使农户生产规模扩大得以实现，对提高单位农业劳动生产率起到了关键性作用。农业机械解决了农村劳动力不足问题，改善了耕作质量，同时与灌溉和化肥结合使用，大幅提高了土地的肥力结构和蓄水能力，实现农业与非农产业收益率趋同的最终目标。经过多年发展，农业科技已成为促进我国农业发展的主要驱动力，其贡献份额已在 2010 年达 50%，即农业技术进步对农业产出的贡献已经超过农业投入要素之和，之后仍保持上升趋势。

　　在中国农业取得长足发展的同时，农业生产成本越来越高，其中劳动力和土地成本增长最快，进口价格天花板效应明显，农民增收难度加大。2013 年，大豆、小麦、水稻、玉米先后进入国内外价格倒挂拐点，农产品进口量逐年增加。各类农业科技常规技术、种植模式（单一耕作农业、双季耕种、作物轮作）以及扶持政策（最低收购价格政策、农机、良种补贴政策等）似乎已经达到了效能极限。1993—1997 年以及 2000—2002 年，是农业技术进步贡献率的增长率上涨较快的时期。从 2002 年至今，农业科技进步贡献率的增长幅度总体呈下降趋势，急需新一轮科技革命和产业革命找到提高农业竞争力的突破口。

　　此书就是针对我国农业资源、环境和发展空间不断受到限制，急需构筑增长新动能的转型期，从历史和未来的角度对农业全要素生产率增长动力进行深入探讨。农业技术进步不仅单纯依赖技术，也需要相适应的技术推广体系和成果转化机制，技术本身在原理、结构特别是功能效益上的突破，还需要有效的刺激制度、恰当的商业模式以及匹配的市场结构，必要时还需对新技术进行再次改造和发展。

　　深入农村调查时，我们经常能听到农民抱怨：我想学的技术到哪里才能学到？专家、教授教的办法太麻烦，根本不好使！本书以全要素生产率、公共农业科研体系创新能力评价作为准确把握农业技术进步历史质量和动因的历史指标。颠覆性创新理论的由来与演进、美国农业科技政策变迁以及农民技术需求调查和依靠大数据和信息技术开展的技术推广的实践案例，作为研判未来农业全要素生产率提升可持续推动力的依据，对未来农业科研体制的改革方向、最具价值的技术创新以及市场化技术服务关键要素等提出了政策建议。

  在全球经济日趋一体化的多极增长新格局中，中国农业发展的道路一直在朝着符合我国自然资源禀赋和大国小农生产经营特点的方向进行有益的探索，相应的支持政策也在不断地调整改进。作者谨以此书献给中国农业技术进步的探索者，这些企业家、合作社组织者、新型经营主体和农村致富带头人给了农业政策研究者最鲜活的实践案例和故事，让我们对中国农业的未来充满希望！

  本书第1章、第5章、第7章及第8章执笔人为高芸和赵芝俊，第2章、第3章执笔人为陈耀、赵芝俊和高芸，第4章执笔人为高芸、赵芝俊和包月红，第6章执笔人为高芸和符莉。在研究和写作过程中，感谢钟钰研究员、张玉梅研究员、胡志全研究员、李芸研究员的帮助，感谢哈佛大学向佳博士的协助！最后也感谢我的家人对我全心全意的支持！探索没有终点，研究贵在坚持和深耕，此书作为阶段性研究总结，难免存在不足之处，敬请各位同行批评指正！

高芸

2022 年 7 月 15 日

目 录

第1章 粮食全要素生产率测算与分析 ……………………………… (1)
 1.1 粮食生产成本收益情况 …………………………………… (2)
  1.1.1 成本收益 ………………………………………………… (2)
  1.1.2 成本结构 ………………………………………………… (4)
  1.1.3 成本变化特征 …………………………………………… (6)
 1.2 粮食全要素生产率 ………………………………………… (8)
  1.2.1 全要素生产率测算的理论基础 ………………………… (8)
  1.2.2 粮食全要素生产率测算意义 …………………………… (9)
  1.2.3 测算方法和数据 ………………………………………… (10)
  1.2.4 测算结果 ………………………………………………… (12)

第2章 公共农业科研体系创新能力评价 …………………………… (17)
 2.1 指标选取与数据来源 ……………………………………… (18)
 2.2 研究方法 …………………………………………………… (20)
 2.3 实证计算与结果分析 ……………………………………… (21)
  2.3.1 农业科技创新能力区域优劣差异比较分析 …………… (24)
  2.3.2 农业科技创新能力优劣排序比较分析 ………………… (25)
  2.3.3 农业科技创新能力排名格局分析 ……………………… (27)
 2.4 小结 ………………………………………………………… (28)

第3章 公共农业科研机构创新效率及其影响因素分析 …………… (31)
 3.1 研究方法 …………………………………………………… (32)
 3.2 变量选取与数据说明 ……………………………………… (34)
  3.2.1 投入与产出变量 ………………………………………… (34)
  3.2.2 影响因素变量 …………………………………………… (36)
  3.2.3 其他控制变量 …………………………………………… (37)
  3.2.4 数据来源及说明 ………………………………………… (38)

3.3 模型结果分析 ·· (39)
    3.3.1 假设检验及模型选择 ································ (39)
    3.3.2 农业科研机构科技创新效率分析 ···················· (42)
    3.3.3 农业科研机构科技创新效率的影响因素分析 ········ (43)
3.4 小结 ·· (47)

第4章 公私部门农业科研合作 ································· (49)
4.1 我国公私农业科研合作的发展历史 ························ (50)
4.2 近年促进公私部门科研合作的相关政策和举措 ··········· (50)
    4.2.1 公私部门联盟 ·· (50)
    4.2.2 设立针对私人部门的创新引导专项（基金） ········· (52)
    4.2.3 财务管理改革促进公私部门人员交流 ················· (54)
    4.2.4 公共部门科技成果处置、收益权改革 ················· (55)
4.3 公私部门农业科研合作主要模式 ·························· (56)
    4.3.1 政府为私人部门提供研发补偿 ························ (56)
    4.3.2 技术服务或专利转让 ·································· (56)
    4.3.3 合作研发与合资 ······································· (57)
    4.3.4 行业内或行业间研究联合会 ·························· (57)
    4.3.5 双边和多边研发联盟 ·································· (58)
4.4 小结 ·· (58)
    4.4.1 私人部门参与科研合作的意义 ························ (58)
    4.4.2 农业领域私人部门科研投入现状 ······················ (59)
    4.4.3 促进私人部门参与农业科研政策思路 ················· (60)

第5章 美国农业科技政策变迁及对中国的启示 ·············· (63)
5.1 美国农业科技政策变迁 ····································· (65)
    5.1.1 1980年之前：政府投资农业科研，注重技术推广 ········ (65)
    5.1.2 1980—1993年：构建鼓励私人企业投资农业科研制度
          体系 ·· (65)
    5.1.3 1993—2013年：将重点研发上升为国家战略 ··········· (66)
    5.1.4 近期科技政策发展趋势 ································ (67)
5.2 政府部门改革 ·· (68)
    5.2.1 机构改革 ··· (68)

目 录

  5.2.2 体制改革 ……………………………………………………… (70)
  5.2.3 经费改革 ……………………………………………………… (71)
 5.3 对我国科研政策的反思 ……………………………………………… (73)
  5.3.1 科技政策最应该关注什么？由谁来制定？ ………………… (73)
  5.3.2 协调一致、战略先行是形成科学决策体系的关键 ………… (74)
  5.3.3 如何平衡技术供给与扩散的关系 …………………………… (75)
  5.3.4 自上而下的制度设计与自下而上的模式创新相结合 ……… (75)

第6章 农户技术服务供需调查 ……………………………………………… (77)
 6.1 调研方案设计 ………………………………………………………… (79)
 6.2 农户样本基本特征 …………………………………………………… (80)
 6.3 果农技术需求和获得情况 …………………………………………… (81)
 6.4 生产性服务机构情况 ………………………………………………… (86)
 6.5 小结 …………………………………………………………………… (89)

第7章 基于数字技术的社会化服务案例 ………………………………… (91)
 7.1 农业生产托管的增量收益 …………………………………………… (93)
 7.2 F公司技术与作业服务案例分析 …………………………………… (95)
  7.2.1 服务网络 ……………………………………………………… (96)
  7.2.2 服务内容和方式 ……………………………………………… (96)
  7.2.3 盈利渠道 ……………………………………………………… (97)
 7.3 依靠数字技术社会化服务的优势和特点 …………………………… (98)
  7.3.1 技术服务的经济价值 ………………………………………… (98)
  7.3.2 服务成本和风险控制 ………………………………………… (99)
  7.3.3 技术的乡村语言转换 ………………………………………… (100)
 7.4 结论与讨论 …………………………………………………………… (101)

第8章 颠覆性技术创新与农业变革 ……………………………………… (105)
 8.1 颠覆性创新理论的由来与演进 ……………………………………… (106)
 8.2 农业颠覆性技术的过去、现在与未来 ……………………………… (108)
  8.2.1 农业发展史上的颠覆性技术及其特征 ……………………… (108)
  8.2.2 中国农业为什么需要颠覆性技术 …………………………… (110)
  8.2.3 颠覆性技术将给破解当前中国"三农"问题带来巨大希望 …………………………………………………………… (111)

8.3 未来十年中国农业领域颠覆性创新的可能性 …………… (114)
　　8.3.1 合成生物学和基因组学育种技术 ………………… (114)
　　8.3.2 以微生物组学为基础的农业生物质工程 …………… (115)
　　8.3.3 大数据和信息技术支持下的智慧农业 ……………… (117)
8.4 基于农业颠覆性技术特征的促进政策 ……………………… (118)
　　8.4.1 重视基础研究和交叉学科研究 ……………………… (118)
　　8.4.2 鼓励公私部门合力解决制约农业发展的重大问题 …… (119)
　　8.4.3 打通创新价值链 …………………………………… (119)

参考文献 ……………………………………………………………… (121)

第1章　粮食全要素生产率测算与分析

本部分根据《全国农产品成本收益汇》资料，对粮食生产的成本收益、成本结构和成本变化进行了分析，并采用随机前沿生产函数（SFA）对生产率进行测算。结果表明：从1985年至今，水稻、小麦和玉米的生产成本上涨了十几倍，人工费用成为生产成本上涨的最大推动力，且人工费用占比与净利润高度相关且呈反向关联。三种主粮的净利润波动周期一致，1992—1995年和2001—2013年为盈利上升时期，1996—2003年和2013年至今为净利润下降时期。粳稻、小麦和玉米的用工投入产出弹性都呈现下降趋势，而机械和其他投入费用弹性上升。玉米全要素生产率波动较大，小麦和粳稻较为平稳。玉米技术进步以管理、规模等广义技术进步为主。分省份来看，玉米全要素生产率前三名为新疆、贵州、广西，小麦前三名为江苏、山东、河北，粳稻前三名为河北、湖北、安徽。

技术进步对经济增长作用和贡献的研究，为总结历史经验和提供未来发展决策依据起到了重要参考作用。然而自21世纪初，农业技术进步贡献率出现了增速放缓（Wang，2013；农业农村部发布数据）的现象：增长驱动力主要源于狭义技术进步（赵芝俊等，2009；李谷成，2009），宏观面仍表现为粗放型增长模式（Gong，2018），特别是粮食类和经济作物技术进步明显放缓，畜牧业技术进步存在周期性波动放缓（董莹，2016）。本章利用《全国农产品成本收益资料汇编》（国家发改委，1980—2019）对农户种粮成本收益、成本结构、全要素生产率、要素弹性进行了测算，总结归纳变化周期和特征，同时剖析成本收益及全要素生产率变化的原因。结论呈现了各省技术进步贡献率的变化，特别是对于粮食主产省，可以结合自身的资源禀赋特征做出更有益发展方向的判断。

1.1 粮食生产成本收益情况

1.1.1 成本收益

从水稻、小麦和玉米成本收益变化情况看，2018年种植稻谷净利润最高，每亩达到65.89元，种植小麦和玉米则亏本，每亩亏损分别达到159.41元和163.34元。从历年成本收益情况来看，稻谷保持了盈利状态，而小麦在1998—2003年和2013年、2016年、2018年均为亏损状态，玉米的亏损时期为1998—2003年和2015—2018年。其中，粳稻收益情况好于籼稻，每亩净利润136.78元。中籼稻在籼稻中净利润最高，为每亩120.28

元，其次为晚籼稻每亩 58.6 元，而早籼稻则每亩亏损 50.37 元。三种主粮的净利润波动周期一致，1992—1995 年和 2001—2013 年为盈利上升时期，1996—2003 年和 2013 年至 2018 年为净利润下降时期（图 1-1）。

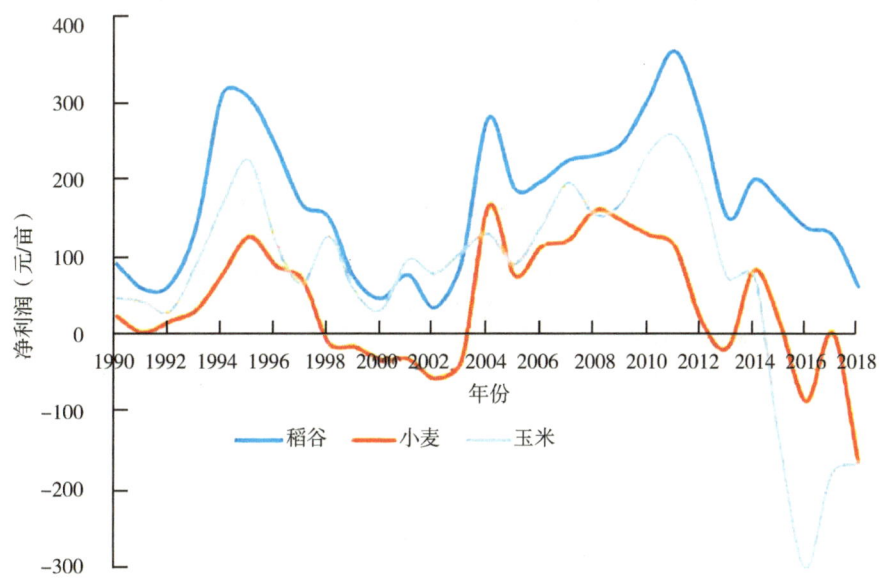

图 1-1　主粮生产净利润变化

分省份来看，安徽、江苏、河南、湖北、湖南、辽宁、吉林、浙江、山东的水稻种植收益较好，其中安徽早籼稻，江苏和安徽中籼稻，湖南和江西晚籼稻，山东、湖北、安徽和吉林粳稻，新疆和内蒙古小麦的种植净利润都远高于全国平均水平。而福建早籼稻、贵州中籼稻、福建晚籼稻、甘肃和四川小麦、广西和云南玉米种植净利润都远低于全国平均水平（图 1-2）。

种粮生产名义成本一直呈增长态势，从 1990 年至 2018 年，籼稻、粳稻、小麦和玉米的生产成本年均增长率分别为 7.5%、6.8%、7.4% 和 7.6%。三种粮食作物在 1994—1997 年和 2010—2012 年都经历了生产成本快速增长，在 1998—2000 年和 2015—2018 年经历了小幅下降或平稳期。分省份来看，2018 年早籼稻生产成本较高的省份为福建省，最低为安徽省；中籼稻生产成本最高的省份为贵州省，最低为河南省；晚籼稻生产成本最高的省份为福建省，最低为湖南省；中籼稻生产成本最高的省份为贵州省，最

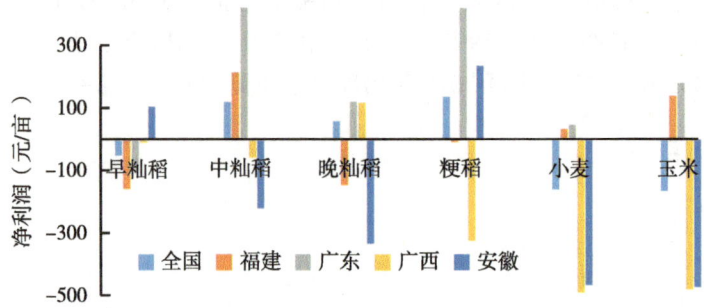

图 1-2 主粮种植净利润较高和较低省份

低为河南省；粳稻生产成本最高的省份为云南省，最低为黑龙江省；小麦生产成本最高的省份为甘肃省，最低为湖北省；玉米生产成本最高的省份为甘肃省，最低为黑龙江省（图 1-3）。

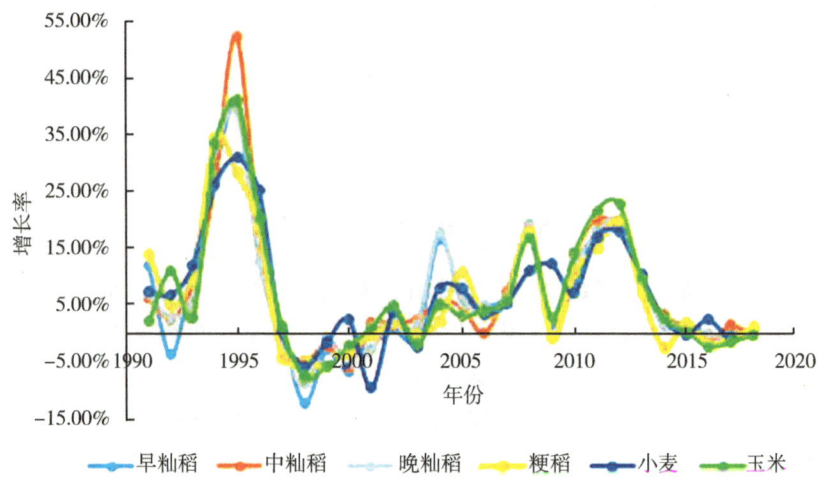

图 1-3 主粮生产成本增长率变化

1.1.2 成本结构

根据《全国农产品成本收益资料汇编》，总生产成本包括生产成本和土地成本两部分。由于本部分关注的是粮食全要素生产率，即生产要素（资本、劳动力、土地）数量不变时产出仍能增加的部分，而土地成本自 1990 年至今增长迅速，并涉及城乡要素价格关系、土地经营和管理政策等，因此本部分仅对生产成本中的结构变化进行分析，即单位土地上生产成本结构的变化。

粮食生产成本分为物质与服务费用和人工成本两部分，其中物质与服务费用主要包括种子费、化肥费、农药费、租赁作业费等直接费用，以及固定资产折旧、保险费等间接费用。1990—2018 年，三种主粮生产成本中占比最高的仍是人工费用并且一直保持占比增加趋势，占比增加最快的是机械作业费用，从 1990 年 2%~6% 的水平增加到 2018 年 15%~22%。种子和农药费用占比较为平稳或小幅增长。化肥费用则呈现波动下降，在 1990—1996 年和 2005—2009 年为高峰期，其他时间段则占比下降。粮食生产的种子、化肥、农药这三项费用总和占比呈下降趋势。分品种来看，2018 年人工费用占比最高的玉米为 53.4%，其次为水稻 47.8%，小麦 43.8%；机械作业费用占比最高的是水稻 19.4%，其次为小麦 17.3%，玉米 14.4%；化肥费用占比最高的是小麦 18.6%，其次为玉米 16.8%，水稻 13.3%；农药费用占比最高的是水稻 5.5%，其次为小麦 2.9%，玉米 2.1%；种子费用占比差别不大，都为 6% 左右（图 1-4）。

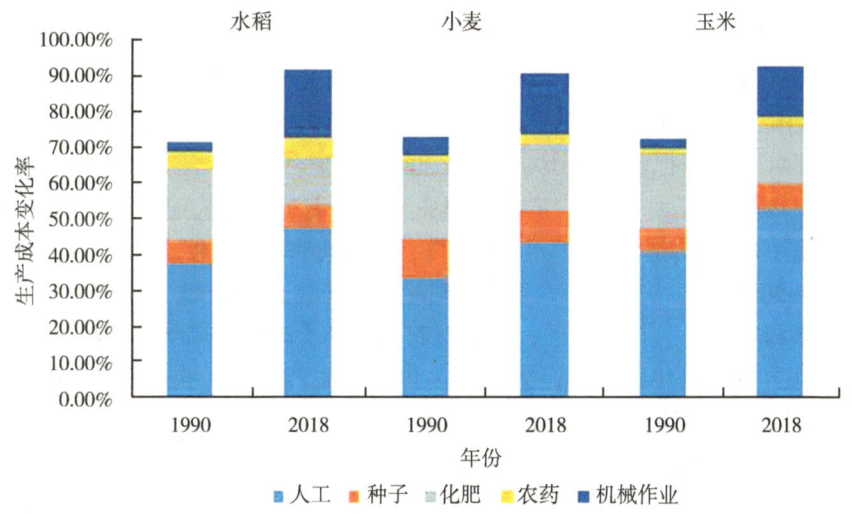

图 1-4 粮食生产成本结构变化

分省份看，2018 年早籼稻生产成本中人工费用占比最高的是福建省，为 59.6%，最低的是浙江省，为 35.3%。机械作业费用则恰恰相反，浙江省占比最高为29.4%，福建省则为15.5%。种子、化肥、农药三项费用之和占比只有福建省低于20%，其他省份占比为23%~28%。中籼稻生产成本中人工费用占比超过70%的有2个省：贵州和陕西，2省机械作业费用占比也最低，分别为6.9%和7.3%，远低于14.3%的平均水平。中籼稻种子、化肥、农药三项费用之和占比，最高为江苏省34.1%，最低为陕西省12.2%。晚籼稻人工费用占比，较高的省份为福建、广东和广西，3省份也是机械费用占比较低的省份。晚籼稻种子、化肥、农药三项费用之和占比，最高为浙江省33.5%，最低为福建省20.5%。粳稻人工费用占比，较高的省份为云南和河南，分别为69.2%和61%，该2省也是机械费用占比较低的省份。小麦人工费用占比，较高的省份为云南和四川，分别为74.3%和71.6%，该2省也是机械费用和种子、化肥、农药三项费用之和占比较低的省份。玉米人工费用占比较高的省份为贵州和四川，机械费用占比较低的省份为广西和四川，种子、化肥、农药三项费用之和占比最高的是安徽省34.6%，最低为贵州省14.8%。

1.1.3　成本变化特征

1.1.3.1　人工费用是生产成本上涨的最大推动力

从1985年至2018年，水稻、小麦和玉米的生产成本上涨了十几倍，人工费用则上涨了15倍以上，成为生产成本上涨的最大推动力。2018年单位面积的用工数量已经降为1985年的20%~30%，其中水稻为1985年用工数量的24%，小麦为28%，玉米为31%，但由于工价的快速增长，抵消了用工数量的减小。按照名义价格计算，在1985—1990年、1991—2005年、2006—2018年3个阶段，人工费用对生产成本上涨的贡献率分别为63.7%、81.7%和86.0%。相比之下，化肥、农药和种子的增长贡献率逐步下降，下降最明显的就是化肥费用，从1985—1990年生产成本上涨贡献的20%以上，下降到2006—2018年上涨贡献的10%左右（图1-5）。

1.1.3.2　人工费用占比与净利润高度相关且呈反向关联

人工费用在生产成本中占比高、上涨快，人工费用占比与净利润高度相关。这种反向关联在2010年之后逐步显现。水稻、小麦、玉米人工费用占比高的省份，净利润相对都较低；反之，人工费用占比低，净利润则较高。2005—2018年，早籼稻生产净利润较高的省份由浙江和海南变为安徽；中籼稻利润较高省份由河南、陕西、四川变为江苏、安徽；晚籼稻由安徽、广

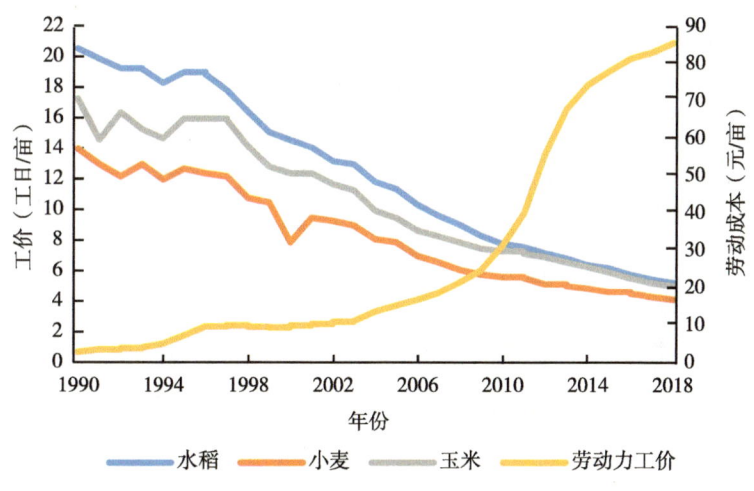

图 1-5　粮食生产劳动力数量和工价变化

东、浙江变为浙江、湖南、江西；粳稻由宁夏、吉林、辽宁变为山东、吉林、辽宁。2005 年，小麦生产净利润较高的省份为内蒙古、山东、河北、新疆；玉米生产净利润较高的省份为河南、山东。2018 年小麦生产净利润较高的省份为内蒙古、新疆、山东；玉米生产净利润较高的省份为新疆、内蒙古。这些省份的人工费用占比都低于全国平均水平。可以看出，2018 年粮食生产净利润较高的省份人工费用占比都远低于全国水平，且机械费用占比远高于全国平均水平。

1.1.3.3　品种间、省份间生产效益差别较大

三种主粮的净利润波动周期基本一致。1992—1995 年和 2001—2013 年为盈利上升期，1996—2003 年和 2013 年至 2018 年为净利润下降期。水稻盈利在历年间一致保持为正，小麦每亩净利润为负的年份最多，即便是净利润为正的年份，每亩净利润在主粮中也较低。玉米每亩净利润波动幅度最大，特别是在 2015—2018 年每亩亏损超过百元，2016 年每亩亏损已达 300 元。2018 年，水稻品种中早籼稻净利润为负，每亩亏损 50.4 元，其他品种净利润为正，粳稻净利润最高，为每亩 136.8 元。2018 年，小麦和玉米的净利润都为负。同样品种的生产净利润差距在近年逐步拉大，以中籼稻为例，2005 年最高净利润和最低净利润省份差距为每亩 232.2 元，2018 年差距扩大为每亩 640.3 元，不同品种高低净利润差距均扩大 2~3 倍不等（图 1-6）。

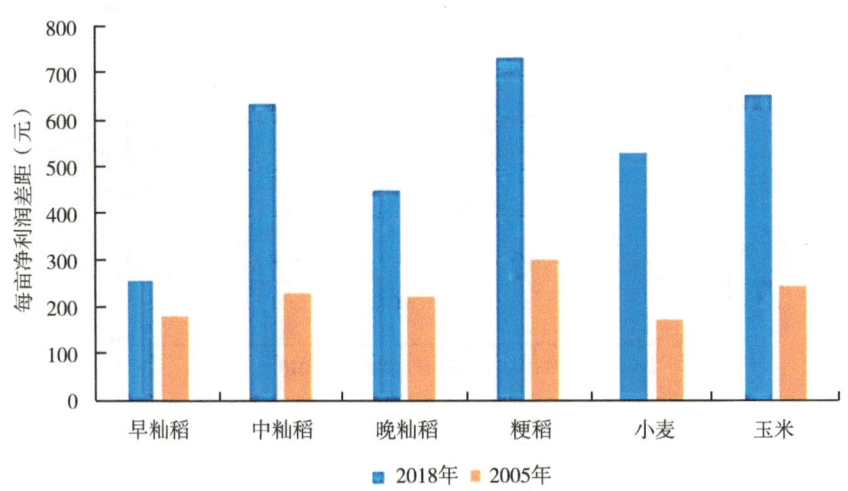

图 1-6 分省份最高和最低生产净利润差距

1.2 粮食全要素生产率

1.2.1 全要素生产率测算的理论基础

全要素生产率是在全部生产要素既定投入水平的条件下,由技术进步带来的产出增长占比,或者说是所有有形生产要素以外技术进步的生产率增长,也因此被称为技术进步率。它是分析经济增长源泉的重要工具,也是判断增长质量和增长潜力的重要标准(朱承亮和李平,2019)。在古典经济增长理论中,人们已经发现技术进步对经济增长的意义。斯密(1776)提出劳动分工、自由市场和新机器形式的技术进步是经济增长的三大重要因素。李嘉图(1817)认为技术进步可以影响资本积累和利润率,进而影响宏观经济中国民收入核算、货币体系,因其构建了某一实体(厂商)经济模型与宏观经济的联系,开启了经济增长理论的宏观研究视角。在"马尔萨斯陷阱"(Multhus,1836)提出后,阿伦杨格(1928)认为技术进步可以产生网络外部性,导致边际收益递增,即便在其他要素边际收益递减的情况下,仍然可以保证经济的持续增长。

进入 20 世纪,统计学和数学模型发展为技术进步的量化测度创造了条件，索洛（Robert Solow）提出了具有规模报酬不变特征的总量生产函数和增长方程，形成了全要素生产率的含义。然而，古典经济增长理论将技术进步视作外生变量，持稳态均衡增长观点，对经济刺激政策和发展赶超的研究薄弱，内生增长理论逐步成为研究主流。内生增长理论不仅放松了规模报酬不变、边际收益递减等假设条件，更关注现实中经济刺激措施和持续增长研究，归纳了资本增加、劳动力数量增加和质量提高，资源配置改善、生产规模效益（Schumpeter，1934）、干中学、技术创新、国际贸易和分工（Romer，1986；Lucass，1988；Barro，1999）等因素的作用路径和效果。全要素生产率的研究进入了模拟现实进而提出改进建议的应用研究高峰时期，从宏观和微观角度对技术进步影响经济发展的路径和技术创新（变迁）规律进行研究，对当前技术进步的特征和原动力进行了系统阐述。例如：要素相对价格引起的技术进步类型差异，制度变迁、交易市场、法律和政府管理等体制因素对技术采纳、技术发展方向的影响，都对地区乃至国家经济发展战略、科技政策和产业政策有了深刻影响。

1.2.2 粮食全要素生产率测算意义

1995 年《中共中央、国务院关于加速科学技术进步的决定》中提出，到 20 世纪末科技进步对农业的贡献率提高到 50% 的目标，计算农业科技进步贡献率成为科技兴农工作中一项重要的基础性工作（朱希刚，1997）。自 2006 年，农业农村部每年发布农业技术进步贡献率，以此作为衡量农业科技创新支撑农业高质量发展和乡村振兴的核心指标。

同时，党中央一直把粮食安全作为治国理政的头等大事，维护家庭承包经营的稳定性和长期性，诱导小农融入现代农业和分工经济，在要素流动过程中坚守粮食安全的基本政策底线（罗必良，2020）。而中国粮食压力仍然长期存在，耕地、水资源是主要资源禀赋约束，消费升级导致饲料粮缺口增大，对口粮的品质和品种也提出更高要求，瞬息万变的国际局势导致进口不确定性增加。农业全要素生产率测算可以判断农业发展模式为粗放还是集约，粮食全要素生产率也可以反映不同时期产出增长的主要动力，比较各个产区要素弹性，研判各地区技术进步类型及增长模式，为我国粮食生产质量的提高和未来发展潜力开展客观检验。开展不同地区技术进步和不同要素弹性的比较，归纳出各类要素不同时期的贡献和变化特征，对优化资源配置乃至深化农业改革都具有重要的现实意义和政策参考价值。有此依据，才能用发展的眼光来审视我国粮食安全问题，搞清楚当前全要素生产率"是多少",分析全要素生产率指标的经济学和政策含义,为下一步"如何提高"提供政策参考。

1.2.3 测算方法和数据

通常资本、劳动力和土地是农业生产主要的三项投入要素,如果以 Y 表示总产出,K、L、N 分别表示资本、劳动力和土地,A 代表希克斯中性技术水平,那么全要素生产率 TFP 的增长率可以表示为:

$$\dot{TFP} = \frac{\dot{A}}{A} = \frac{\dot{A}}{A} - \alpha_K \frac{\dot{K}}{K} - \alpha_L \frac{\dot{L}}{L} - \alpha_N \frac{\dot{N}}{N} \quad (1-1)$$

也就是说,全要素生产率等于总产出增长率分别减去各要素产出弹性与要素投入增长率之积后的剩余。全要素生产率测算的关键是确定要素弹性,即确定合适的生产函数形式。目前,常用的生产函数中,CD 函数要素弹性不变且替代弹性之和为 1,与农业生产中资本、劳动力、投入品等弹性变化和溢出效应、技术外部性不符,CES 函数替代弹性为固定值,VES 函数的形式较为复杂,不宜采用计量方法估计。

由于本研究测算目标包括分品种粮食全要素生产率、要素产出弹性变化、偏性技术进步等内容,本研究采用随机前沿生产函数(SFA),将模型设定如下:

$$Y = F(\ln X_1, \ln X_2, \ln X_3, \ln A) \quad (1-2)$$

全要素生产率(Total Factor Productivity;用 $\dot{TFP}$ 表示)为(1-3)式。X_{it} 表示各投入要素的向量,t 是时间趋势变量。v_{it} 是满足 $N(0, \sigma_v)$ 分布的随机误差项;u_{it} 表示技术效率损失项,$u_{it} \sim N^+(\mu_v, \sigma_\mu)$。

$$\dot{TFP} = \frac{\partial \ln F(\ln X_i, t)}{\partial t} = (\alpha_1 t + \alpha_2 t) + \sum_{i=1}^{3} \beta_{Ai} \frac{d\ln X_i}{dt} \quad (1-3)$$

全要素生产率(TFP)通常也被称为"广义技术进步率",之所以称为"广义"是相对应"狭义"的概念,狭义技术进步率 TP(Technical Productivity)指生产前沿面随时间提高,是农业"硬"技术的进步,也是中性技术进步,在(1-3)式中为 $(\alpha_1 + \alpha_2 t)$,其不影响要素投入比例。在 Tranlog 生产函数中,要素 X_{it} 的弹性除了原来的固定值 β_{it} 外,还有另外两个组成部分:随时间变动的部分,(1-5)式中的第二项即规模报酬收益变动率;以及随要素投入量变动的部分,(1-5)式中的第三项即投入要素配置效率变化率(赵芝俊等,2009),其中 $s_j = \dfrac{w_j X_j}{\sum w_j X_j}$,即 j 种要素在总投入成本中的比例。

$$\dot{TFP} = \dot{TP} + \sum_j (\varepsilon_j - s_j) \frac{d\ln X_j}{dt} + \dot{TE} = \dot{TP} + (\varepsilon - 1)$$

$$\sum_j \frac{\varepsilon_j}{\varepsilon} \frac{d\ln X_j}{dt} + \sum_j \left(\frac{\varepsilon_j}{\varepsilon} - s_j\right) \frac{d\ln X_j}{dt} + \dot{TE} \qquad (1-4)$$

根据对水稻（粳稻）、小麦和玉米全要素生产率测算理论、方法及变量选择和结果的文献综述，本研究在测算方法、数据和变量的选择有如下考虑：①本报告研究重点是粮食生产投入要素不同时期对产出的贡献率和变化特征，开展不同地区技术进步和要素弹性的比较，以期针对粮食各个品种的增产潜力和全要素增长动力进行研判，为优化资源配置、改进生产方式乃至深化农业改革提供重要参考。因此本报告使用 1980—2018 年《农产品成本收益汇编资料》中粳稻、小麦和玉米的数据，用单位面积产出作为被解释变量，去除土地价格对产出指标的影响，同时也体现土地资源稀缺情况下全要素生产率变化情况。②为呈现客观、全面的粮食全要素生产率的变化，本报告体现"全"要素贡献，即将除土地以外的所有要素投入纳入模型，在确保方程收敛的前提下，尽可能地使用"量"作为投入，剥离因价格变动掩盖的技术进步作用。③报告使用 Translog 模型，模型中所有费用均根据消费者价格指数进行了平价处理，方程和主要变量统计分析如下（表 1-1）。

$$\ln Y_{it} = \beta_0 + \beta_1 \ln L_{it} + \beta_2 \ln F_{it} + \beta_3 \ln M_{it} + \beta_4 \ln OI_{it} + \frac{1}{2}\beta_5 (\ln L_{it})^2 + \frac{1}{2}\beta_6 (\ln F_{it})^2 + \frac{1}{2}\beta_7 (\ln M_{it})^2 + \frac{1}{2}\beta_8 (\ln OI_{it})^2 + \beta_9 \ln L_{it} \cdot \ln F_{it} + \beta_{10} \ln L_{it} \cdot \ln M_{it} + \beta_{11} \ln L_{it} \cdot \ln OI_{it} + \beta_{12} \ln F_{it} \cdot \ln M_{it} + \beta_{13} \ln F_{it} \cdot \ln OI_{it} + \beta_{14} \ln M_{it} \cdot \ln OI_{it} + \beta_{15} t + \frac{1}{2}\beta_{16} t^2 + \beta_{17} t \ln L_{it} + \beta_{18} t \ln F_{it} + \beta_{19} t \ln M_{it} + \beta_{20} t \ln OI_{it} + (v_{it} - \mu_{it}) \qquad (1-5)$$

表 1-1 粮食生产函数中主要变量的统计分析

变量	Mean			Standard deviation		
	粳稻	小麦	玉米	粳稻	小麦	玉米
F（kg/亩）	462.24	276.05	383.57	111.87	85.25	118.67
L（工日/hm²）	16.41	10.70	13.40	9.70	6.43	7.05
F（kg/hm²）	21.04	17.15	17.36	8.69	8.43	7.99

(续表)

变量	Mean			Standard deviation		
	粳稻	小麦	玉米	粳稻	小麦	玉米
M（元/hm²）	56.57	42.92	27.98	66.96	45.72	39.57
OI（元/hm²）	119.22	83.77	73.97	72.47	54.78	52.03
TI（元/hm²）	148.90	121.18	121.36	96.20	76.42	82.01
MI（元/hm²）	106.55	72.41	47.42	92.97	65.43	56.24

注：模型一的解释变量——单位土地上的用工数量（L）、化肥投入折纯量（F）、机械费用（M）及除人工、化肥和机械的其他费用（$OTHI$）；模型二的解释变量——单位土地上的用工数量（L）、传统要素费用（TI）、现代要素费用（MI）。

若设定粮食生产规模报酬不变和资源配置效率变化为零，则狭义技术进步 $\dot{TP}$ 可以分为中性技术进步率和偏性技术进步率两部分，即方程（1-5）所示 $\dot{TP}$ 在模型一中可以表示为：

$$\dot{TP} = \frac{\partial \ln Y}{\partial t} = \varepsilon_t = \beta_{15} + \beta_{16}t + \beta_{17}\ln L + \beta_{18}\ln F + \beta_{19}\ln M + \beta_{20}\ln OI$$

(1-6)

1.2.4 测算结果

1.2.4.1 水稻

19世纪80年代初期，主要粳稻生产省份的狭义技术进步率基本在 0.013~0.019 的水平，浙江（0.021 477 7）、湖北（0.021 353 1）、安徽（0.021 31）、山东（0.020 940 3）、江苏（0.020 772 8）、宁夏（0.020 398）高于 0.02，明显高于全国整体水平。全国 2018 年狭义技术进步增长至 0.031 058 1，其中增长较快的省份有：吉林（0.031 420 3）、安徽（0.031 807 9）、山东（0.031 185 7）、浙江（0.031 387 8）、湖北（0.031 315 5）、黑龙江（0.031 665 7），粳稻主产区北移。与狭义技术进步上升不同的是，技术效率出现了波动但总体平稳的情况，其中 1984—1986 年、1998—2018 年为相对高水平年份（图 1-7）。

从技术效率来看，技术效率最高的省份是河北，较低的为江苏和河南。由于粳稻产区分布于我国东、中、西部地区，自然环境和社会经济环境存在较大差异，导致了技术效率、全要素生产的变化情况呈现显著的空间特点。以 1986 年作为基准值，则粳稻全要素生产率呈现波动中保持平稳略有上升

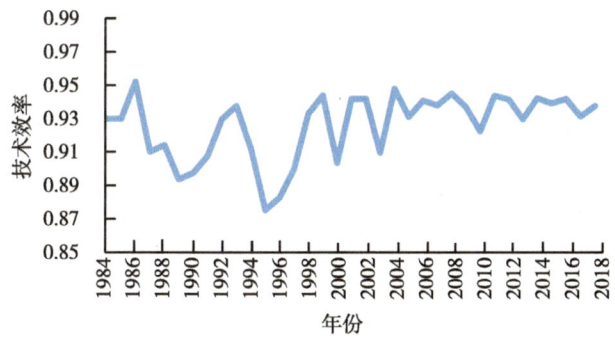

图 1-7 粳稻技术效率变化趋势

（图 1-8）。其中少数省份出现技术无效情况，种子、化肥和农药投入冗余。

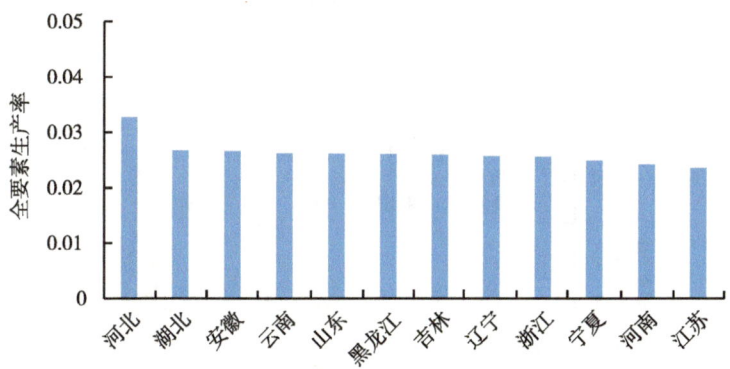

图 1-8 粳稻全要素生产率各省差异

1.2.4.2 小麦

小麦狭义技术进步一直比较稳定，但 2009 年之后明显降低，技术效率也较为稳定，但技术效率没有本质改观（图 1-9）。分省来看，江苏（0.863 018 3）、山东（0.849 996 1）、河北（0.846 666）、内蒙古（0.816 279 6）、河南（0.810 617 1）的技术效率高于全国平均水平。在某些地区的某些年份，小麦的产量和技术进步实现了较快增长，例如江苏在 1998—2014 年单产翻了一番以上，得益于开展品种育选、优良工程和科技入户工程。

小麦生产机械投入弹性在 2010 年之后开始大幅上升，在 2000—2010 年劳动力投入弹性发生了反向变化（图 1-10），即弹性大幅下降，说明小麦生

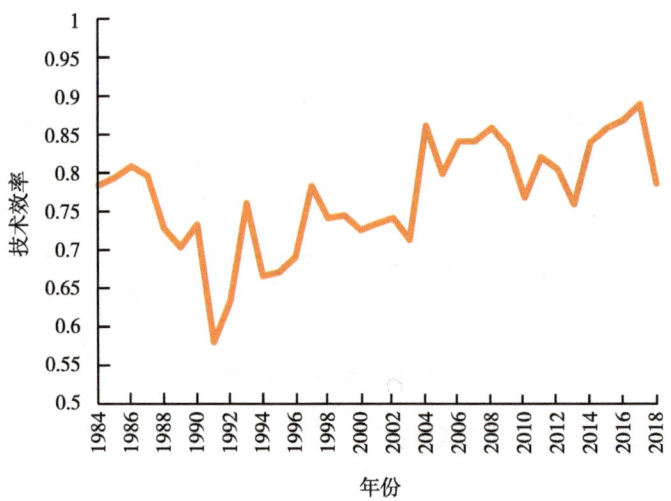

图 1-9 小麦技术效率变化趋势

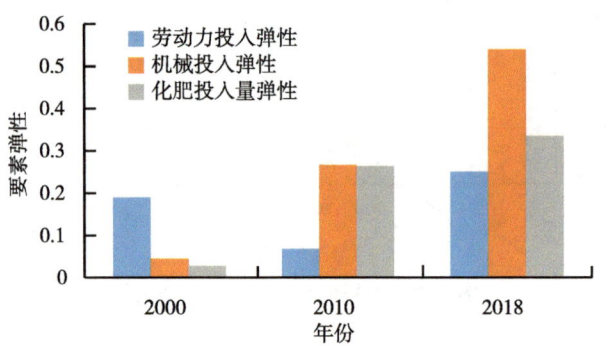

图 1-10 小麦各要素弹性变化趋势

产实现了机械替代劳动力。化肥投入弹性由负转正,并且持续增大,与科学施肥、测土配方施肥以及化肥农药零增长的措施密切相关。小麦全要素生产率波动较大,经历了 1996—2000 年和 2006—2008 年两个增长阶段,其余年份均为平稳或下降。

1.2.4.3 玉米

玉米狭义技术进步在三大主粮中增速最快,玉米技术效率在 2012 年之前也保持增长态势,之后下降。玉米技术效率水平有明显的区域特征,较高的省份都集中在北方:山西(0.859 349 1)、甘肃(0.830 635)、内蒙古

(0.820 081 8)，全要素生产率较高的省份有：新疆、贵州、广西和山西。

值得注意的是，玉米生产化肥、用工和机械在 2000 年之后由正转负，但其他投入费用的弹性为正，在 2002 年之前弹性变大，之后弹性变小（图1-11）。原因可能有三个方面：一是要素投入量水平高，边际收益为负；二是该要素单位价格高，导致对产出贡献为负；三是玉米其他费用投入的类别已经发生了改变。玉米技术进步以管理、规模等广义技术进步为主，全要素生产率波动较大。

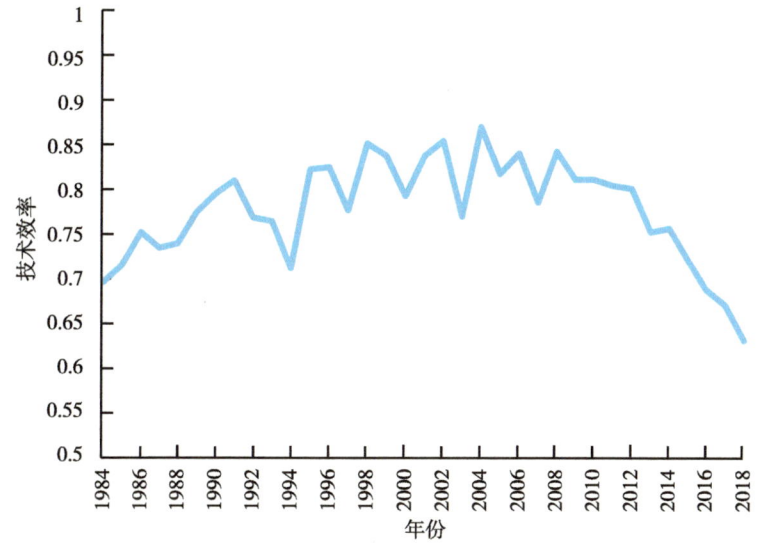

图 1-11　玉米技术效率变化趋势

第 2 章　公共农业科研体系创新能力评价

正确认识和有针对性地开展农业科技创新能力评价是提高农业科技创新能力的重要一环。然而，由于科技活动的复杂性、创新产出的多样性（李强，2006），以及农业科技自身的特殊性（严中成等，2018），现有评价研究尚未形成一个统一的认识，甚至还存在很大的差异。同时，由于中国幅员辽阔、农业发展受自然影响力较大，地域特色特别明显，区域农业科技创新能力差异显著（李习保，2007；白俊红等，2009）。鉴于此，科学客观地评价中国各地区农业科技创新能力，准确把握其发展水平和变化规律，从而为优化农业科技资源配置，提升农业科技创新能力有重要的理论意义和实用价值。

基于此，本章试图从以下几个方面对现有文献进行拓展：一是根据国家创新理论和农业科技创新理论，在系统梳理和分析农业科研活动规律特点的基础上，结合新时期农业发展的新任务、新要求，构建农业科技创新能力评价指标体系；二是为了避免人为主观因素的影响，在研究方法上选用客观性较强的熵权 TOPSIS 组合模型，以更加科学地评价农业科技创新能力；三是研究了"十二五"时期中国各区域农业科技创新的变化规律。

2.1 指标选取与数据来源

根据国家创新系统理论和农业科技创新理论（曹博和赵芝俊，2018），在系统梳理分析科技活动规律和农业科研自身特点的基础上，结合以往学者研究中有关农业科技创新评价体系开展了研究。本研究认为：农业科技创新能力是一个包含多因素、多层次的一种综合能力，是一个动态性的概念，由创新基础能力、创新投入能力、科研活动能力、成果产出能力及转化扩散能力 5 个要素构成，是上述 5 种能力的整合集成结果的综合体现，基本框架见图 2-1。

依据上述构成要素，通过认真梳理国内外大量的相关研究，按照系统性、科学性、合理性、一致性、导向性及可操作性原则，在参考了科技竞争力、科技实力及科技绩效评价指标体系等研究体系，以及目前国内外有影响力的机构发布的创新能力调查表和相关文件材料的基础上，结合新阶段农业科技创新的新任务、新要求，突出原始创新、提升国际影响力等方面，经过专家咨询、筛选待选以及反复调整，本研究最终确定设置的评价指标体系如表 2-1 所示。该指标体系由三大指标层级结构组成，其中包含 5 个一级指标、12 个二级指标和 27 个三级指标。

第 2 章 公共农业科研体系创新能力评价

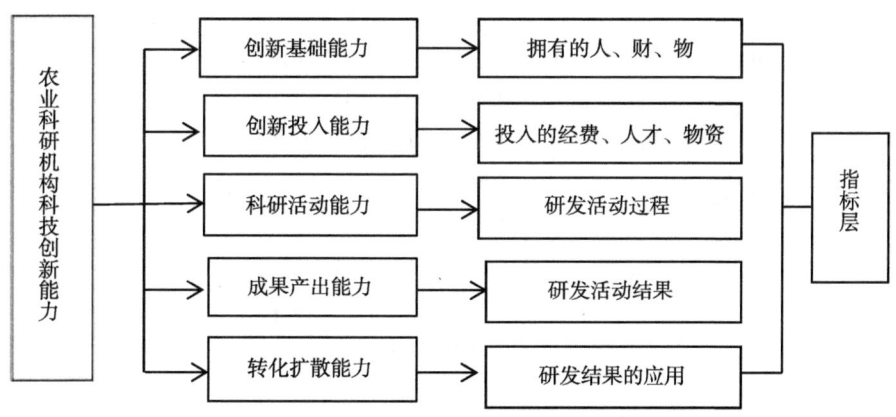

图 2-1 农业科技创新能力构成要素基本框架

表 2-1 农业科技创新能力评价指标体系及编号

一级指标（B）	二级指标（C）	三级指标（D）
创新基础能力 B1	科研机构 C1	农业科研机构数（个）D1
	人力资源数量 C2	从业人员总数（人）D2
		从事科技活动人员占总从业人员比重（%）D3
	人力资源质量 C3	研究生学历人员占总从事科技活动人员比重（%）D4
		具有高级职称人员占总从事科技活动人员比重（%）D5
	资 产 C4	年末固定资产原值（万元）D6
创新投入能力 B2	经费 C5	科技活动收入（万元）D7
		财政拨款（万元）D8
		承担政府项目（万元）D9
		国外资金（万元）D10
	基本建设 C6	科研仪器设备投资（万元）D11
		科研土建工程投资（万元）D12
科研活动能力 B3	R&D 人员 C7	R&D 人员合计数（人）D13
		R&D 人员折合全时工作量（人年）D14
	R&D 经费 C8	基础研究经费支出（万元）D15
		应用研究经费支出（万元）D16
		试验发展研究经费支出（万元）D17
	R&D 课题 C9	课题数（个）D18
		课题经费内部支出（万元）D19

(续表)

一级指标（B）	二级指标（C）	三级指标（D）
成果产出能力 B4	学术性产出 C10	发表科技论文总数（篇）D20
		国外发表的论文数（篇）D21
		出版科技著作（件）D22
	技术性产出 C11	专利受理数（件）D23
		专利授权数（件）D24
		拥有发明专利总数（件）D25
转化扩散能力 B5	经济性产出 C12	技术性收入（元）D26
		生产经营收入（元）D27

考虑到统计数据的权威性、完整性和可得性，本文数据主要来源于《全国农业科技统计资料汇编》，选取 2011—2015 年全国 31 个省（区、市）*（后文简称省份）表 2-1 中的指标，对于某些在统计资料中没有直接数据的指标，通过计算整理得出。本文的研究对象是全国各省地市级以上（含地市级、不含科技情报机构）农业部门属全民所有制独立研究与开发机构，不包括农业高校及涉农企业。

2.2 研究方法

农业科技创新能力评价是一个多指标综合评价问题，进行综合评价时（赵芝俊，2006），权重的确定对评价结果的影响至关重要，本文采用客观赋权法中的熵值法来确定权重，凭借原始数据所提供的信息来确定，其客观性比较强，以消除确定评价指标权重时人为因素的影响（庄德林，2018）。

另外，基于 TOPSIS 方法原理直观、计算简便，更重要的是该方法能够建立一个理想上的最优评价单元（Chen and Tsao，2008），本文采用熵权 TOPSIS 组合评价方法。通过评价，各省能够根据该理想解寻找各自发展的差距和理想的发展目标，以便更有针对性地提升各自的农业科技创新能力。基本步骤包括：构建评价体系矩阵，指标同趋势化，归一化矩阵的建立，最后确定指标权重。运用熵权法确定指标的权重，其计算过程如下：

先确定指标值比重，其计算公式为：

---

* 未统计香港、澳门和台湾的数据

$$p_{ij} = \frac{r_{ij}}{\sum_{I=1}^{M} r_{ij}} \tag{2-1}$$

再计算熵值 E_j，熵值计算公式为：

$$E_j = -k \sum_{i}^{m} p_{ij} \ln p_{ij} \tag{2-2}$$

式中，E_j 为熵值，K 为常数项，$K = \frac{1}{\ln m}$，$0 \leq E_j \geq 1$。

最后确定指标权重，计算公式为：

$$w_j = \frac{1 - E_j}{\sum_{j=1}^{N}(1 - E_j)} \tag{2-3}$$

计算规范化后的熵权矩阵，$Z = (Z_{ij}) m \times n$，$Z_{ij} = w_j r_{ij}$。

建立最优向量和最劣向量。根据归一化矩阵 Z 得到正理想解 Z^+ 和负理想解 Z^-。

$$\begin{cases} 正理想解 \quad Z^+ = (Z_{i1}^+, Z_{i2}^+, \cdots, Z^+) \\ 负理想解 \quad Z^- = (Z_{i1}^-, Z_{i2}^-, \cdots, Z^-) \end{cases} \tag{2-4}$$

公式中 Z^+ 和 Z^- 分别表示评价对象在第 j 个指标的最大值和最小值。

计算各评价对象与最优方案和最劣方案间的加权欧式距离。

$$D_{ij}^+ = \sqrt{\sum_{j=1}^{m} [W_j(Z_{ij} - Z_{ij}^+)]^2}$$

$$D_{ij}^- = \sqrt{\sum_{j=1}^{m} [W_j(Z_{ij} - Z_{ij}^-)]^2} \tag{2-5}$$

计算贴近度 C_i。

$$C_i = \frac{D_i^-}{D_i^+ + D_i^-}, \text{该式中}, i=1, 2, \cdots, n。 \tag{2-6}$$

C_i 为被评价对象与最优方案的贴近度。即 C_i 值越大，评价结果越优。

2.3 实证计算与结果分析

根据熵值法的计算原理及步骤，对 2011—2015 年全国 31 个省域农业科技创新能力 27 项指标 4 185 个原始数据处理，按照公式（2-1）~式（2-3）分别计算出各指标的权重（表 2-2）；按照公式（2-4）~式（2-6）计算每个省域农业科技创新能力与最优方案和最劣方案间的加权欧式距离 D_i^+、D_i^- 及贴近度值 C_i 并排序（表2-2、表2-3）。

根据熵权法的基本原理，若被评价对象的某项指标的值相差比较大，表示该项指标所提供的信息量就越多，变异程度较大，其熵值就较小，从而权重值越大，反之亦然。作为权数的熵权，是根据评价指标原始数据所提供信息的多少，来决定该指标在评价指标体系中竞争意义上的相对重要程度。与传统的权重确定方法相比较，该方法克服了人为主观因素造成的偏差，因而根据熵权法确定的评价指标体系中各指标的权重应该更合理、更能反映实际情况。下面主要从各指标权重值大小的排序来进行解析。

国外资金（D10）。国外资金作为农业科技创新投入能力中来自国外的科技活动经费，是反映国际合作能力及国际影响力的重要的指标。从表2-2可以看出，国外资金指标权重始终排在第一位，且有逐年增加的趋势，从2011年的0.1868增加到2015的0.2254，增加幅度高达20.6%。说明：获得国外资金多少是影响各省农业科技创新能力竞争力的最主要的因素，同时也是未来一段时期里影响其竞争力的很重要的因素。

生产经营收入（D27）。生产经营收入是指农业科技创新中，在专业业务活动及辅助活动之外，运用自己独特的优势，开展非独立核算经营活动取得的收入，该指标度量了其通过转化扩散能力所形成的经济产出。在2011—2015年排序中，分别为第2、3、4、2、2位。该指标虽然在不同年份有所波动，但始终排在前列，说明各省农业科技转化扩散能力也存在明显的地域差异。

基础研究经费支出（D15）。基础研究体现了农业科技创新中面向科学前沿的原始创新能力，其支出的规模和水平更能反映其科技实力。从表2-2来看，其排序分别为第3、2、3、4、3位，说明不同省份农业科技原始创新能力和科技实力也存在很大的差异。

国外发表的论文数（D21）。国外发表论文能够反映科研人员国际学术交流的参与度、贡献大小及国际影响力大小的能力。从表2-2来看，其排序分别为第4、4、6、3、4位，同样说明，不同省份参与国际交流、国际影响力方面仍然差距比较大。

科研土建工程投资（D12）。指在基本建设投资的实际完成额中完成的科研土建工作量（如科研楼建设、试验用房建设等）。从表2-2来看，其排序分别为第5、6、5、5、11位，说明，受多种因素的影响，不同省份在科研土建工程建设中差距比较大。

技术性收入（D26）。指从事科学技术扩散活动所获得的非政府资金，也是一项很重要的经济产出。从表2-2来看，其排序分别为第10、5、7、6、5位，该排序虽然有所波动，但同样说明，不同省份在科学技术扩散活动中获得的经济产出不同省份间差距比较大。

综上所述，国外资金、生产经营收入、基础研究经费支出、国外发表的论文数、科研土建工程投资及技术性收入等指标权重占比相对比较大，对各省农业科技创新能力高低的影响比较大；其他指标的权重占比相对较小，对各省农业科技创新能力高低的影响比较弱。反映了影响各省农业科技创新能力提升的短板因素依然是国际化、原始创新、成果转化与推广及基础设施，与目前实际相吻合。

表2-2 2011—2015年农业科技创新能力指标体系权重值及排序

指标	2011年 权重	排序	2012年 权重	排序	2013年 权重	排序	2014年 权重	排序	2015年 权重	排序	平均 权重	排序
D_1	0.009 9	24	0.010 5	24	0.009 8	24	0.010 1	24	0.010 1	24	0.010 1	24
D_2	0.010 6	23	0.010 9	23	0.010 4	23	0.010 8	23	0.010 9	23	0.010 7	23
D_3	0.001 1	27	0.001 0	27	0.000 6	27	0.000 6	27	0.000 4	27	0.000 7	27
D_4	0.006 4	25	0.006 4	25	0.005 1	25	0.005 0	25	0.004 3	25	0.005 4	25
D_5	0.001 5	26	0.002 1	26	0.001 8	26	0.001 8	26	0.001 9	26	0.001 8	26
D_6	0.022 1	17	0.021 4	17	0.021 8	15	0.023 0	15	0.022 7	16	0.022 2	16
D_7	0.022 5	16	0.021 9	16	0.019 6	17	0.017 6	18	0.018 3	18	0.020 0	17
D_8	0.020 9	18	0.019 9	18	0.019 3	18	0.017 2	19	0.018 1	19	0.019 1	18
D_9	0.027 7	14	0.031 3	12	0.023 3	13	0.023 2	14	0.025 8	14	0.026 3	14
D_{10}	0.186 8	1	0.196 7	1	0.186 6	1	0.221 4	1	0.225 4	1	0.203 4	1
D_{11}	0.045 2	6	0.030 7	13	0.080 1	2	0.039 1	10	0.037 4	9	0.046 5	7
D_{12}	0.046 4	5	0.047 5	6	0.063 5	5	0.052 6	5	0.035 0	11	0.049 0	5
D_{13}	0.015 3	21	0.015 1	22	0.014 3	22	0.016 2	22	0.015 0	22	0.015 2	22
D_{14}	0.016 0	20	0.016 1	21	0.015 0	21	0.017 1	20	0.015 6	21	0.016 0	21
D_{15}	0.079 3	3	0.084 2	2	0.075 9	3	0.062 0	4	0.074 8	3	0.075 2	3
D_{16}	0.044 3	8	0.036 3	10	0.032 7	11	0.034 4	12	0.034 8	12	0.036 5	12
D_{17}	0.029 9	13	0.029 5	15	0.021 4	16	0.024 6	13	0.026 6	13	0.026 4	13
D_{18}	0.015 1	22	0.018 0	19	0.016 3	20	0.017 0	21	0.017 6	20	0.016 8	20
D_{19}	0.023 5	15	0.030 5	14	0.022 5	14	0.021 8	16	0.024 7	15	0.024 6	15

(续表)

指标	2011年		2012年		2013年		2014年		2015年		平均	
	权重	排序	权重	排序	权重	排序	权重	排序	权重	排序	权重	排序
D_{20}	0.0177	19	0.0178	20	0.0175	19	0.0188	17	0.0189	17	0.0181	19
D_{21}	0.0635	4	0.0653	4	0.0604	6	0.0668	3	0.0652	4	0.0642	4
D_{22}	0.0396	12	0.0328	11	0.0323	12	0.0421	7	0.0427	7	0.0379	11
D_{23}	0.0403	11	0.0428	8	0.0439	9	0.0386	11	0.0355	10	0.0402	10
D_{24}	0.0444	7	0.0475	7	0.0453	8	0.0417	8	0.0395	8	0.0437	8
D_{25}	0.0426	9	0.0375	9	0.0419	10	0.0406	9	0.0443	6	0.0414	9
D_{26}	0.0410	10	0.0496	5	0.0509	7	0.0458	6	0.0477	5	0.0470	6
D_{27}	0.0862	2	0.0766	3	0.0678	4	0.0899	2	0.0868	2	0.0815	2

2.3.1 农业科技创新能力区域优劣差异比较分析

在熵权计算基础上，运用熵权TOPSIS组合模型，计算出2011—2015年间D_i^+、D_i^-及C_i测度结果，并对其离散程度进行统计，由表2-3可知：在2011—2015年，D_i^+的变化幅度分别为0.0130~0.2265、0.0424~0.2252、0.0802~0.2360、0.0576~0.2521和0.0529~0.2581；D_i^-变化幅度为0.0021~0.2251、0.0022~0.2195、0.0023~0.2150、0.0023~0.2445和0.0022~0.2505；C_i的变化幅度为0.0093~0.9455、0.0095~0.8381、0.0095~0.7283、0.0092~0.8092和0.0086~0.8257，且变异系数均大于1；极差分别为0.9362、0.8286、0.7188、0.8000、0.8172。说明各省农业科技创新能力水平存在显著的两极分化和明显的区域差异。

表2-3 2011—2015年距离最优值、最劣值测度及贴近度的离散统计

年份	项目	最大值	最小值	极差	平均值	标准差	变异系数
2011	D_i^+	0.2265	0.0130	0.2135	0.2105	0.0373	0.1773
	D_i^-	0.2251	0.0021	0.2230	0.0287	0.0395	1.3748
	C_i	0.9455	0.0093	0.9362	0.1181	0.1642	1.3910

(续表)

年份	项目	最大值	最小值	极差	平均值	标准差	变异系数
2012	D_i^+	0.225 2	0.042 4	0.182 8	0.210 2	0.032 2	0.153 3
	D_i^-	0.219 5	0.002 2	0.217 3	0.030 4	0.039 2	1.291 3
	C_i	0.838 1	0.009 5	0.828 6	0.121 4	0.148 5	1.223 0
2013	D_i^+	0.236 0	0.080 2	0.155 8	0.221 5	0.027 8	0.125 5
	D_i^-	0.215 0	0.002 3	0.212 7	0.028 6	0.040 1	1.403 0
	C_i	0.728 3	0.009 5	0.718 8	0.107 4	0.135 3	1.259 4
2014	D_i^+	0.252 1	0.057 6	0.194 5	0.238 1	0.034 3	0.144 0
	D_i^-	0.244 5	0.002 3	0.242 1	0.029 2	0.043 7	1.496 3
	C_i	0.809 2	0.009 2	0.800 0	0.103 7	0.143 9	1.387 5
2015	D_i^+	0.258 1	0.052 9	0.205 2	0.244 1	0.036 2	0.148 4
	D_i^-	0.250 5	0.002 2	0.248 3	0.028 9	0.044 5	1.539 0
	C_i	0.825 7	0.008 6	0.817 2	0.101 1	0.145 6	1.440 7

2.3.2 农业科技创新能力优劣排序比较分析

对2011—2015各省农业科技创新能力贴近度值进行统计并排序，见表2-4。

表2-4 2011—2015年中国各省农业科技创新能力 C_i 值及排名

省份	2011年		2012年		2013年		2014年		2015年	
	C_i 值	排名	C_i 值	排名	C_i 值	排名	C_i 值	排名	C_i 值	排名
北京	0.945 5	1	0.838 1	1	0.728 3	1	0.809 2	1	0.825 7	1
天津	0.086 3	13	0.061 5	22	0.051 8	22	0.047 5	20	0.036 4	25
河北	0.046 2	25	0.047 0	23	0.044 5	24	0.042 7	21	0.042 9	22
辽宁	0.091 8	12	0.063 4	19	0.055 5	20	0.053 0	19	0.056 5	19
山东	0.198 5	5	0.206 0	4	0.189 3	4	0.161 2	7	0.152 1	5
上海	0.116 1	9	0.111 2	10	0.105 5	8	0.077 7	12	0.081 4	12
江苏	0.203 2	3	0.187 3	7	0.177 1	6	0.169 1	4	0.163 7	4
浙江	0.165 4	6	0.175 5	8	0.157 9	7	0.164 3	6	0.222 7	3

(续表)

省份	2011年		2012年		2013年		2014年		2015年	
	C_i值	排名	C_i值	排名	C_i值	排名	C_i值	排名	C_i值	排名
海南	0.2016	4	0.2029	5	0.1009	9	0.0916	10	0.0821	11
福建	0.0586	23	0.0721	17	0.0597	18	0.0604	18	0.0583	18
广东	0.1496	7	0.2454	2	0.2104	3	0.2340	2	0.2312	2
山西	0.0531	24	0.0456	24	0.0416	26	0.0413	22	0.0365	24
吉林	0.0941	11	0.1186	9	0.0696	15	0.0635	16	0.0481	21
黑龙江	0.2098	2	0.1924	6	0.3351	2	0.1677	5	0.1361	6
安徽	0.0384	26	0.0404	26	0.0334	27	0.0358	26	0.0608	15
江西	0.0344	27	0.0342	28	0.0464	23	0.0363	25	0.0332	27
河南	0.0759	17	0.0926	14	0.0793	14	0.0704	14	0.0909	9
湖北	0.1437	8	0.2281	3	0.1885	5	0.2090	3	0.0902	10
湖南	0.1124	10	0.0626	20	0.0528	21	0.0615	17	0.0603	16
内蒙古	0.0713	19	0.0381	27	0.0624	16	0.0399	23	0.0482	20
广西	0.0799	15	0.0934	13	0.0882	10	0.0761	13	0.0712	13
重庆	0.0592	22	0.0894	15	0.0604	17	0.0278	27	0.0407	23
四川	0.0673	21	0.0700	18	0.0557	19	0.0639	15	0.0586	17
贵州	0.0679	20	0.0404	25	0.0437	25	0.0388	24	0.0349	26
云南	0.0831	14	0.0982	12	0.0806	12	0.1313	8	0.1309	7
西藏	0.0131	29	0.0095	31	0.0154	28	0.0125	29	0.0243	28
陕西	0.0106	30	0.0855	16	0.0107	30	0.0121	30	0.0131	30
甘肃	0.0798	16	0.0617	21	0.0794	13	0.1076	9	0.1070	8
青海	0.0093	31	0.0151	30	0.0095	31	0.0092	31	0.0086	31
宁夏	0.0190	28	0.0318	29	0.0147	29	0.0191	28	0.0185	29
新疆	0.0743	18	0.1053	11	0.0814	11	0.0809	11	0.686	14

2.3.3 农业科技创新能力排名格局分析

由于用熵权 TOPSIS 组合方法计算贴近度值是一个相对数，其得分只具有相对比较的意义。根据表2-4，对计算结果进行归一化处理，即分别以 2011—2015 年 C_i 均值的 50%、100% 和 150%，即以 0.06、0.12 和 0.18 作为 3 个分界值，由低到高分为四级：（$0 \leq C_i \leq 0.06$）为很低水平，（$0.06 < C_i \leq 0.12$）为较低水平，（$0.12 < C_i \leq 0.18$）为较高水平，（$C_i > 0.18$）为高水平。依次各年农业科技创新能力高水平、较高水平、较低水平、很低水平的省份数目为：2011 年为 2 个、6 个、11 个、12 个；2012 年为 3 个、5 个、10 个、13 个；2013 年为 3 个、4 个、8 个、16 个；2014 年为 3 个、4 个、7 个、17 个；2015 年为 3 个、3 个、8 个、17 个（表2-5）。可以看出，在考察期内，高水平、较高水平的省份，也就是科技创新能力水平高于平均值的省份数目占比很小；而较低水平、很低水平的省份，也就是科技创新能力低于平均值的省份数目占比很大。由此可见，中国各省农业科技创新能力整体水平依旧比较低。

表2-5 2011—2015 年中国各省农业科技创新能力分类

创新能力	2011 年	2012 年	2013 年	2014 年	2015 年
高水平	2	3	3	3	3
较高水平	6	5	4	4	3
较低水平	11	10	8	7	8
很低水平	12	13	16	17	17

根据排名（表2-5），综合 2011—2015 年情况，可以把各省农业科技创新能力分为以下几类：第一类，高水平发展地区，有北京、广东、江苏 3 个省份；第二类，较高水平发展地区，有山东、湖北、黑龙江、浙江 4 个省份；第三类，较低水平发展地区，有云南、海南、上海、广西、新疆、河南、吉林、湖南 8 个省份；第四类，很低水平发展地区，有甘肃、福建、辽宁、四川、重庆、天津、内蒙古、河北、贵州、安徽、山西、江西、陕西、宁夏、西藏、青海 16 个省份。

从以上分布区域可以看出：高水平的 3 个省市都位于东部地区；较高水平的 4 个省份，2 个位于东部地区、2 个位于中部地区；较低水平的 8 个省份，2 个位于东部地区、3 个位于中部地区、3 个位于西部地区；低水平发展的 16 个省份，4 个位于东部地区、3 个位于中部地区、9 个位于西部地区。可以看出，31 个省份农业科技创新能力从高到低，基本上是遵循从东部到中部、再到西部的依次递推。各省农业科技创新能力排名变化幅度较大的省份数目不多，大部分省份排名基本保持不变。说明农业科技创新能力因受多种因素的影响和制约，其发展存在很强的路径依赖，这种排名格局在短期内很难被打破。

2.4 小结

本章基于农业科技创新能力的构成要素，从五个方面构建农业科技创新能力评价指标体系，运用熵权 TOPSIS 模型对"十二五"期间各省农业科技创新能力进行了评价。主要结论如下：第一，从指标权重值来看，国外资金、生产经营收入、基础研究经费支出、国外发表的论文数、技术性收入及科研土建工程投资等权重较大，反映了影响各省农业科技创新能力提升的短板因素依然是国际化、原始创新、成果转化与推广及基础设施，与目前实际相吻合。第二，从总体情况来看，中国各省农业科技创新能力水平整体依旧比较低且差异较大、两极分化严重。第三，从测评结果的地区分析来看，31 个省份中农业科技创新能力高水平和较高水平的省份比较少，只有北京、广东、江苏、浙江等 7 个省份，仅占研究省份的 22.6%，其余 21 个省份的农业科技创新处于较低和很低的水平，占到研究省份的 77.4%。第四，各区域农业科技创新能力大致呈现从东部到中部、再到西部依次降低的特征。第五，从排名变化来看，在考察期内，北京、广东、浙江等 6 省份排名始终较好，而宁夏、青海、西藏等 5 省份始终排名靠后，排名持续上升的省份有河南、云南、甘肃、新疆 4 省份，排名持续下降的省份有海南、天津、吉林、湖北 4 省份，大部分省份排名基本保持稳定不变。

本章的研究结果为中国各省农业科技创新能力水平的建设提供了较为全面的现状分析，期望能为提升和推进中国各省农业科技创新能力提供一定的支撑。但是研究发现中国各省农业科技创新能力水平有着显著的时空差异，在研究中针对各省差异具体原因的研究也是后续研究的重点，需要加强，从而为分类指导、因地制宜地指导和推动各省农业科技创新能力水平的进一步提升提供相应的对策建议。另外，本研究中考虑到数据的可得性与通用性，选用农业与农村部《全国农业科技统计资料汇编》的数据，虽然比较系统、翔实，但只统计全国农业科研机构的情况，从这个意义上讲，本研究所得结果和结论具有一定的局限性，有待在未来的研究中加以克服和改进。但不管怎样，本研究至少从农业科研机构的角度考察了中国农业科技创新能力，对后续研究也有一定的参考和比较价值。

第3章 公共农业科研机构创新效率及其影响因素分析

考虑到农业科研的特殊性及全国各省份农业科研机构在科技创新中面临的诸多随机扰动和不可观测因素较多（陈耀等，2018），本研究认为采用随机前沿分析（SFA）方法比 DEA 方法分析更适合当前环境，结论也更为可靠（傅晓霞等，2007）；此外，本章将基于成果类型异质性视角，对农业科研机构创新活动的产出加以明确区分，将其分为学术性、技术性及经济性三大类，这样就能够较为系统全面地分析中国农业科研机构具有不同性质的三类科技创新效率状况及非效率影响因素。因此，本章通过收集 2009—2016 年中国 31 省（区、市）农业科研机构科技创新投入产出及相关影响因素的面板数据，运用 SFA 方法，基于成果类型异质性视角对中国省域农业科研机构科技效率进行测度评价的基础上，探寻不同影响科技创新非效率的根源，以便更有针对性地找出提升农业科研机构科技效率的对策建议。

3.1 研究方法

在研发效率测评中，前沿分析法被广泛使用。通常根据生产前沿确定方法的不同，可分为非参数方法和参数方法。非参数方法以 DEA 方法为代表，该方法最初由 Charnes 等（1978）提出，DEA 方法以线性规划为基础，在效率评价时，因不需要预设具体的生产函数，有效地克服了主观设定函数对效率测评结果的影响，特别是在处理多投入、多产出效率测评上具有很强的优势。其不足之处是没有考虑到在测量和统计上随机误差的存在，将所有的随机误差都归结为效率的不同，致使效率估计结果往往会偏高，更为重要的是不能直接对影响科技创新效率的因素进行分析。参数方法以 SFA 为代表，该方法由 Aigner 等（1977）、Meeusen、Van Den（1977）和 Broeck（1977）以及 Battese、Corra（1977）各自几乎同时独立提出。SFA 方法以计量方法为基础，依赖于对数据的随机性假设，不但能够通过计量方法判断研究设定的前沿生产函数模型拟合质量问题，测算研究对象的效率值大小问题，还可以直接定量分析研究对象效率差异的影响因素，具有很强的政策导向，同时也可以进行各种统计检验值估计，有更为坚实的经济理论基础，尤其是在模型设定合理且采用面板数据条件下，其估计效果比 DEA 方法更佳（Gong and Sickles，1992），体现出其独特的优势。本章主要关注以下两个方面：其一是中国各省份农业科研机构不同类型科技创新效率水平现状；其二是探寻影响其科技创新非效率值的主要因素。SFA 方法正好能够有效满足分析以上两个方面的基本问题，因此，本文采用 SFA 方法来测算中国省域农业科研机构科技创新效率,并考察对其科技创新效率影响的相关因素。

借鉴 Battese 和 Coelli(1995)面板数据随机前沿模型设定方法,本研究模型设定为:

$$y_{it} = f(x_{it}; \beta)\exp(v_{it} - u_{it}) \qquad (3-1)$$

将式(3-1)两边取对数,可得:

$$\ln y_{it} = \ln f(x_{it}, \beta) + v_{it} - u_{it} \qquad (3-2)$$

其中,$i=1, 2, \cdots, n$,$t=1, 2, \cdots, T$,分别表示省份和年度;y_{it}、x_{it} 分别表示 i 省农业科研机构在时期 t 的科技创新产出、科技创新投入,$f(*)$ 表示生产可能性边界上的前沿产出。$(v_{it} - u_{it})$ 为复合误差项,v_{it} 与 u_{it} 相互独立,且服从对称正态分布,其中,$v_{it} \sim N(0, \delta_v^2)$ 表示随机扰动的影响;$u_{it} \sim N^+(u, \sigma_u^2)$,$u_{it}$ 的值非负,服从非负断尾正态分布,表示农业科研机构科技创新中的非效率项,其值越大,表示农业科研机构科技创新非效率程度越大,也即农业科研机构的非效率水平越低。

依据该模型的原理及形式,各省域农业科研机构科技创新效率(TE)为实际产出与前沿面产出的距离,其测算公式为:

$$TE_{it} = \frac{E[f_{it}(x_{it}, \beta)\exp(v_{it} - u_{it})]}{E[f_{it}(x_{it}, \beta)\exp(v_{it} - u_{it}) \mid (u_{it} = 0)]} = \exp(-u_{it}) \qquad (3-3)$$

显然,$u_{it} = 0$ 时,$TE_{it} = 1$,表示决策单元恰好位于前沿面上,说明技术有效;当 $u_{it} > 0$ 时,$TE_{it} < 1$,表示决策单元位于前沿面下方,说明存在技术非效率问题。说明运用上述方法估算技术效率时,复合误差项中技术非效率项应占有一定比例,否则该方法无效。为了系统反映创新效率的变异统计特性,Battese 和 Coelli(1995)设定了方差参数 γ,其表达式为:

$$\gamma = \frac{\sigma_u^2}{\sigma_v^2 + \sigma_u^2} \qquad (3-4)$$

式中,γ 值介于 0~1,反映了省域农业科研机构科技创新效率中技术无效率项在符合扰动项中所占的比例。若 γ 趋近于 0 被接受,说明中国省域农业科研机构的生产点几乎都位于生产前沿曲线上,此时用最小二乘法就可以分析;若 γ 趋近于 1 被接受,说明 u_{it} 在生产单元与前沿面的偏差中占主要成分,此时用 SFA 是合适的。

另外一个重要的问题是,合理地选择生产函数对采用 SFA 客观、有效地测度效率至关重要。主要是因为超越对数函数生产模型(Translog Production Function)相比于传统的 C-D(柯布—道格拉斯)生产函数模型和 CES(不变替代弹性生产函数)更具有普适性,可以突破技术中性、投入产出弹性固定等苛刻假定，从而更好地拟合实际情况。因此本文将 SFA 模型的第一部分设定如下：

$$\ln Y = \beta_0 + \beta_1 \ln K_{it} + \beta_2 \ln L_{it} + \beta_3 \ln(K_{it})^2 + \beta_4 \ln(L_{it})^2 +$$
$$\beta_5 \ln K_{it} \ln L_{it} + (\nu_{it} + \mu_{it}) \quad (3-5)$$

式中，Y 为省域农业科研机构科技创新活动的产出变量，K 为农业科研机构科技创新活动的资本投入变量，L 为劳动投入变量。

为了进一步解释个体间的技术效率差异，分析研发创新效率的影响因素，引入技术非效率函数，其表达式为：

$$u_{it} = \delta_0 + z_{it}\delta + w_{it} \quad (3-6)$$

式中，σ_0 为常数项；z_{it} 为影响研发创新技术非效率的因素；δ 为待估参数，当 $\delta < 0$ 时，表明该因素对研发创新效率有正向影响；当 $\delta > 0$ 时，表明该因素对研发创新效率有负向影响；w_{it} 表示为随机误差项。

3.2 变量选取与数据说明

沿袭 Griliches（1990）的研究，本文将农业科研机构科技创新行为视为一个完整的生产过程，假设每个省为一个创新活动的生产决策单元，每个决策单元通过一系列的创新投入，实现一定的创新产出成果。另外，从上文可以看出，建立 SFA 方法需要适当选择投入产出变量及影响因素变量，下面对相关变量进行逐一介绍，并简要说明数据来源。

3.2.1 投入与产出变量

3.2.1.1 投入变量

在考察农业科研机构科技创新效率的过程中，有关创新投入要素的确定是关键。现有创新研究中最常见的投入要素可分为两大类：一是 R&D（Research and Development，简称 R&D）人员；二是 R&D 经费。

对于 R&D 人员要素，一般采用国际上比较通用 R&D 人员全时当量来表征，因此，本文采用年度内农业科研机构中 R&D 全时人员数，再加上按工作量折算的非全时人员折合工作量来表征，用 L 表示。

对于 R&D 经费要素，以往的研究中通常采用 R&D 经费支出来表征，该指标反映的是年度内农业科研机构研发资金实际投入及使用的情况，是一项流量指标。事实上，对于科技创新活动而言，年度内 R&D 经费投入及使用活动不仅会影响到当期的创新产出，同时也会影响到未来的创新产出（吴延兵，2008；Griliches，1980）。因此，本章采用R&D资本存量来表征R&D经费要素，用K表示。其计算方法参照Griliches（1980），吴延兵（2008），白俊红等（2009），李强、刘冬梅（2011）等做法，计算公式为：

$$K_{it} = (1 - \delta) \times K_{i(t-1)} + E_{it} \qquad (3-7)$$

式中，K_{it} 和 $K_{i(t-1)}$ 分别表示第 i 省农业科研机构在第 t 和 $t-1$ 期的资本存量，E_{it} 表示第 i 省份农业科研机构在第 t 期R&D经费实际支出额，δ 表示资本存量的折旧率。

有关 δ 及 E_{it} 计算方法同样参照白俊红、李婧等（2011）的估计方法，对R&D资本折旧率 δ，采用 $\delta = 15\%$；E_{it} 值表示R&D经费实际支出额，以2009年为基期，通过对名义R&D经费支出进行平减所得，其值参照公式：R&D支出价格指数=0.55×消费价格指数+0.45×固定资产投资价格指数。该公式中：消费价格指数和固定资产投资价格指数分别采用各农业科研机构所在省份的相应指数来表示，其中，由于西藏数据缺失，运用周边相邻省份青海的指数代替计算。

有关基期资本存量估算公式为：

$$K_{i0} = E_{i0}/(g + \delta) \qquad (3-8)$$

式中，K_{i0} 和 E_{i0} 分别表示农业科研机构基期资本存量和基期实际R&D经费支出；δ 表示为资本存量的折旧率；g 为R&D资本存量的增长率，采用考察期内实际R&D经费支出的平均增长率来表示。根据以上方面，就可以计算出考察期内各省域每年农业科研机构的R&D资本存量 K_{it}。

3.2.1.2 产出变量

农业科研机构科技创新成果有很多，在借鉴许朗（2009）、申红芳等（2008）、陈耀等（2018）、刘敏和万丽娟（2019）等研究的基础上，考虑到数据的可得性以及产出成果的异质性，本文把农业科研机构科技创新产出成果分为学术性、技术性及经济性三大类。

对于学术性产出而言，论文与专著是衡量农业科研机构在基础研究、应用研究等方面的重要成果，凝聚了农业科技创新人员探索性、创造性的大量劳动，是衡量农业科研机构学术性水平的重要指标。对此，学术界可能会质疑选取这两个指标衡量农业科研机构的学术性水平是否适宜，主要是由于不同层级的论文和专著其档次及水平参差不齐，仅用数量来衡量农业科研机构的学术性产出有一定的缺陷。尽管以上指标存在一定的不足，但找到更好的衡量农业科研机构的学术性产出指标仍然存在一定的困难。因此，考虑到数据的可得性及参照池敏青等（2017）、于志军等（2017）的研究，本文依然采用这两个指标来表征农业科研机构的学术性产出。

对于技术性产出而言，专利是反映农业科研机构科技创新水平和掌握核心技术的能力，是各农业科研机构形成自身核心竞争力的重要来源，专利受理数作为创新绩效的考核指标是文献中的一种惯用做法（代明等，2016），是反映农业科研机构技术创新的一项重要指标。因此，本文采用专利受理数来表征农业科研机构的技术性产出。

对于经济性产出而言，技术性收入是反映农业科研机构创新产出潜在经济价值或潜在应用价值很重要的方面，反映了科技成果被市场认可或应用到农业生产实践中的可能性程度的重要指标。因此，参照申红芳和廖西元等（2008）、池敏青和许正春等（2017）的研究，本文采用技术性收入来表征农业科研机构的经济性产出。需要说明的是，由于 SFA 方法单一产出特性，本章通过分别建立学术性、技术性及经济性 SFA 方法，来分别考察不同产出模型的生产效率。

3.2.2 影响因素变量

从理论上来说，因科技创新活动的复杂性、产出的多样性及农业科研机构自身的特殊性，影响农业科研机构科技创新效率的因素极为复杂，本章在借鉴相关研究（蔡彦虹等，2015；申红芳等，2009；杨传喜等，2015）的基础上考虑到数据的可得性，主要从农业科研机构中人员结构、人员素质、政府的支持及基础设施等方面对农业科研机构的科技创新效率的影响进行分析。

（1）人员结构。是农业科研机构科技创新活动中科技资源配置的关键，是反映科技实力的重要指标。专门从事科技活动的科技人员由科技管理人员、科技服务人员和课题活动人员所组成，科技人员的数量和结构的配置，将直接影响到科技创新能力及效率的提升，人员结构越合理，越有利于创新成果的产出及转化。因此，研究采用农业科研机构中科技人员占从业人员的比重来表征人员结构变量。

（2）人员素质。农业科技创新活动作为一项知识密集型活动，需要一大批高素质的农业科技创新人才，往往科技人员素质越高，越有利于创造新知识、开发新技术，越有利于促进新知识、新技术的扩散或转移。因此，研究采用农业科研机构中拥有高级职称的科技人员占从事科技活动人员比例来表征人员素质变量。

(3) 政府的支持。农业科研机构的主要任务是进行基础性和应用型研究,农业科技成果具有很强的外部性,具有公共物品的属性,这就决定了农业科研成果的产出离不开政府的大力支持。政府一方面通过制定一定的国家科技政策,引导农业科技资源的优化配置,对创新效率的提升有很大的促进作用(郭海红,2019);另外,中国政府也特别关注产学研合作,通过协调各种科技创新活动,加大创新要素的投入以鼓励农业科研机构产出更多的创新成果,引导农业科研机构加大知识扩散和技术转移,并将其转化为经济效益。因此,本章采用农业科研机构的科技活动收入中政府资金所占比例来表征政府的支持变量。

(4) 基础设施。农业科技成果的产出必须是建立在一定的物质条件基础上,基础设施反映的是农业科研机构所积聚的可用于创新活动的潜力,是开展研发活动的基石,其基础条件和规模越坚实越牢固,越有利于科技创新活动的开展,越有利于各项成果的产出或转移。因此,本章采用农业科研机构中报告期内年末固定资产原价来表征基础设施变量。

3.2.3 其他控制变量

为了使研究结果更加有效,研究主要从以下几个方面进行了控制:经济发展水平,用农业科研机构所在省份的人均 GDP 表示;农业资源因素,用农业科研机构所在省份的农业总产值表示。本章所有变量绝对数量均以 2009 年价格为基期折算为实际值,比值均以名义值计算得出。以上变量、代表符号及定义如表 3-1 所示,对各个变量的描述性统计见表 3-2。

表 3-1 变量定义

	变量	符号	定义
创新投入	资本投入(千元)	K	R&D 资本存量,用永续盘存法核算
	人员投入(人/年)	L	R&D 人员全时当量,指报告年内 R&D 全时人员数加非全时人员按工作量折算成全时人员的总和
学术性产出	发表科技论文(篇)(权重 0.7)	Pap	发表的科技论文篇数
	出版科技著作(部)(权重 0.3)	Boo	出版的科技著作部数
技术性产出	专利产出(件)	Pat	专利受理数
经济性产出	技术收入(千元)	Tec	科技活动收入中技术性收入

(续表)

	变量	符号	定义
影响因素	人员数量结构	Pstruc	科技人员数占从业人员的比重
	人员素质结构	Profes	高级职称人员占从事科技人员比例
	政府支持	Gover	科技活动收入中政府资金所占比例
	基础设施（亿元）	Base	用报告期内年末固定资产原价来表征
控制变量	经济发展（万元/人）	Econom	用该地区人均GDP来表征
	农业资源因素	Agresour	用该地区的农业总产值来表征

注：表中权重值参照文献①的研究设定。

表3-2 变量的描述性统计结果

指标	平均值	标准误	最小值	最大值
K（百万）	107.717	105.744	1.945	836.047
L（人/年）	1 086.640	754.298	5.000	4 052.000
Pap（篇）	873.990	617.393	18.000	3 585.000
Boo（部）	26.600	31.834	1.000	260.000
Pat（件）	147.730	179.030	1.000	962.000
Tec（万元）	2 828.7400	4 506.2488	0.1000	32 126.5000
Pstruc	0.758	0.108	0.272	0.982
Profes	0.307	0.071	0.131	0.512
Gover	0.888	0.088	0.483	1.000
Base（亿元）	7.659	6.899	0.585	51.631
Econom（万元）	3.077	1.732	1.092	8.102
Agresour（亿元）	1 672.045	1 505.086	39.060	8 159.102

3.2.4 数据来源及说明

研究所用数据选取自《全国农业科技统计资料汇编》（2009—2016年）、《中国统计年鉴》（2010—2017年）、《中国农村统计年鉴》（2010—2017）、《中国科技统计年鉴》（2010—2017年）。考察区域为中国大陆31

---

① 本研究的考察对象31省地市级以上农业科研机构（含地市级、不含科技情报机构），为农业部门属全民所有制独立研究与开发机构，不包括农业高校及涉农企业。

个省（区、市），考察对象为全国 31 省份地市级以上农业科研机构。

3.3 模型结果分析

采用 Frontier 4.1 计量分析软件，分别在未考虑影响因素和考虑影响因素两种情况下，对中国各省份农业科研机构的学术性、技术性及经济性产出进行随机前沿检验估计。

3.3.1 假设检验及模型选择

首先报告了未考虑影响因素情形下的估计结果，见表 3-3。其中，模型 1、模型 2、模型 3 分别表示学术性、技术性及经济性产出的估计情况。从表 3-3 可以看出，在 3 个模型当中，γ 均通过了 1% 的显著性水平检验，说明非效率因素在各省域农业科研机构科技创新活动中是显著存在的，印证了本文采用 SFA 方法的合理性。在模型 1 中，η 值在 1% 水平下显著为负，在模型 2、模型 3 中，η 值显著为非负，表明中国农业科研机构的学术性产出效率随时间加速递增，即科技效率随时间不断降低，而技术性产出及经济性产出中随时间加速递减，即科技效率随时间不断改善。

表 3-3 未考虑影响因素的估计结果

系数	模型 1		模型 2		模型 3	
常数项 β_0	5.279***	3.247	−14.433***	−3.281	2.303	0.277
$\ln K$	−1.259***	−3.018	−0.422**	2.378	−2.161**	−2.833
$\ln L$	1.962***	3.541	2.935**	2.267	4.876*	1.684
$[\ln K]^2$	0.078***	2.804	0.075	1.048	0.130	0.716
$[\ln L]^2$	−0.035*	−1.799	0.050	1.077	−0.379***	−2.915
$[\ln K][\ln L]$	−0.078*	−1.753	−0.240*	−1.835	−0.017	−0.049
σ^2	0.200***	3.523	1.502*	1.713	33.757***	6.845
γ	0.847***	35.928	0.865***	4.521	0.944***	87.095
μ	0.822***	3.796*	−1.668	−0.395	−11.289***	−3.235
η	−0.051***	−4.775	0.111***	6.789	0.033**	2.537
Log 函数值	6.848		−195.372		−473.048	
单边 LR 检验	237.394		220.348		212.440	

注：括号内数值为 t 值；*、** 和 *** 分别表示显著性水平为 10%、5% 和 1%（双侧）。

根据 SFA 方法的原理，采用该方法的一个关键问题是生产模型必须设置合理，因此，本文所关心的另一个问题是：用广义似然率检验统计量，检验在研究中对于生产函数形式的假设检验及"不存在无效率项"的这一零假设，其检验结果见表3-4。

表3-4 假设检验结果

代号	模型1	模型2	模型3
L（H0）	−111.849	−305.546	−579.268
广义似然λ	237.394	220.348	212.440
临界值	7.045	7.045	7.045
检验结论	拒绝	拒绝	拒绝

注：临界值为显著水平为0.05下的临界值。

从表3-4可以看出，模型1、模型2、模型3的广义似然λ均大于相应的5%显著水平下混合卡方分布临界值，该假设检验结论充分证明拒绝原假设，有充分的理由说明采用超越对数生产函数的可行性，因此，在后续效率估计及影响因素分析时均选取超越对数函数为前沿函数。

从表3-3可以看出，在3个模型中$\ln K$、$\ln L$系数均显著异于零，且$\ln K$的系数为负值，而$\ln L$的系数为正值。说明两项指标对农业科研机构科技创新产出效率的影响是明显不同的。其中，R&D资本存量对农业科研机构3种产出均具有负向影响，表明在考察期内，如果一味地加大R&D资本投入，虽然能够使农业科研机构学术性、技术性及经济性的产出成果可能会增多，但随着R&D资本投入边际效益下降，将会出现R&D资本投入规模不经济的现象，最终表现出三类产出效率均降低的情况。

究其原因，一方面是与中国农业科研机构R&D经费的配置不够合理及现行科研经费管理制度有关，主要表现在：第一，在现行的科研经费管理制度中规定，科研项目支付科目中不允许有工资性收入的项目主持人和项目组成员列支人员费用，导致了普遍存在的被称为"有钱打仗、无钱养兵"的现象（毛世平等，2013）；第二，现行科技经费投入方式方面，现阶段，科技计划过多依赖竞争方式，过度的竞争导致了竞争性的政府资金逐年提高，而非竞争性的资金逐年降低，使农业科研机构中R&D投入过度分散，非研究活动成本居高不下（陈萌山，2014）；第三，现行的经费预算及使用制度中，忽视农业科研的基本规律，盲目参照工程领域的"项目化"管理及行政机关的"三公"经费管理，使大量的科研经费管理出现了低效率甚至出现"突击花钱"的怪相；第四，在科研经费中，人员经费财政拨款比例过低,由于农业科研机构中人员经费比例过低,使得科研人员在科技活动中首先考虑的是创收活动,其次才是科研任务的完成。另一方面是由于科技创新活动中存在明显的信息不对称现象,政府难以对政府资助经费的使用进行有效监管,使得 R&D 经费利用效益不高。

R&D 活动全时人员对农业科研机构科技创新效率有正向影响,进一步说明了中国农业科研机构创新产出主要是依靠投入科技人员的数量拉动的。因此,适当增加 R&D 活动人员,改善 R&D 配置结构和科研经费管理及加强经费监督管理制度,将更加有助于提升农业科研机构科技创新产出效率。

考虑影响因素情况下的效率分析。考虑影响因素情况下随机前沿的模型的估计结果,见表 3-5。模型 4、模型 5、模型 6 分别表示学术性、技术性及经济性产出的估计结果。在这 3 个模型中,同样 γ 均在 1% 的显著性水平下显著,说明农业科研机构科技创新非效率确实存在,也进一步印证了创新非效率是创新生产未达到前沿面产出水平的重要原因,也充分验证了前文采用 SAF 方法的合理性。下面就表 3-5 当中的结果逐一进行分析。

从表 3-5 可以看出,在模型 4、模型 5、模型 6 中的 $\ln K$、$\ln L$ 系数均显著异于零,且 $\ln K$ 的系数为负值,而 $\ln L$ 的系数为正值。这与表 3-3 的结果呈现相同的统计特征,充分验证了前文结果的稳健性。

表 3-5 考虑效率影响因素的估计结果

系数	模型 4		模型 5		模型 6	
前沿函数估计						
常数项 β_0	14.736***	6.984	8.100	1.676	-14.396***	-4.161
$\ln K$	-2.446***	-4.571	-3.984***	-3.785	-1.148*	-1.853
$\ln L$	1.813**	2.520	5.937***	5.595	7.805***	3.170
$[\ln K]^2$	0.128***	3.317	0.321***	5.003	0.298**	2.267
$[\ln L]^2$	0.027	0.678	0.267	4.685	0.263	1.363
$[\ln K \ln L]$	-0.131	-1.540	-0.656***	-5.383	-0.859***	-2.489
效率影响因素估计						
常数项 δ_0	0.965	1.485	3.802***	4.524	-6.152***	-3.834
Pstruc	-0.982**	-1.951	-1.388**	-2.115	7.083*	1.697
Profes	-0.707	-0.798	-2.103*	1.760	-3.866***	-4.187
Agover	0.081	0.121	0.423	0.530	6.870***	4.141

(续表)

系数	模型 4		模型 5		模型 6	
Base	-0.081***	-2.927	-0.012	0.480	-0.186	-1.614
Econom	0.097**	2.196	0.177***	3.176	1.697***	4.571
Agresour	0.001	-1.429	-0.010**	-1.986	-0.012**	-2.345
σ^2	0.185***	6.215	0.421***	8.039	1.3306***	4.387
γ	0.775***	14.315	0.869***	13.326	0.984***	18.698
Log 函数值	-73.709		-178.199		-435.774	
单边 LR 检验	76.278		254.687		286.987	

注：括号内数值为 t 值；*、** 和 *** 分别表示显著性水平为 10%、5% 和 1%（双侧）。

3.3.2 农业科研机构科技创新效率分析

通过对 2009—2016 年各省域农业科研机构科技创新效率求均值，并根据均值大小对其排名，具体情况见表 3-6。

（1）从总体来看。在考察期内，中国农业科研机构学术性产出效率、技术性产出效率、经济性产出效率均值分别为 0.662、0.444、0.338，其提升空间为 33.8%、55.6% 和 66.2%。说明中国农业科研机构科技创新效率整体水平均比较低，仍然存在较多的非效率。三类创新效率相比较而言，经济性产出效率改进空间更大，其次为技术性产出，最后为学术性产出。三类产出效率均值高于全国平均值的省份分别为 18 个、14 个、15 个，占比为 58.06%、45.16%、48.39%。

（2）从单个地区来看。学术产出平均效率最高的前 5 个省份分别是浙江、山东、江苏、北京和广东，其平均效率高达 0.870 以上，最低的 5 个省份是江西、宁夏、重庆、内蒙古和西藏，其效率均值均低于 0.461；技术性产出平均效率最高的前 5 个省份分别是上海、北京、江苏、山东和浙江，其效率均值高达 0.721，最低的省份为吉林、辽宁、江西、内蒙古和西藏，其效率均值均低于 0.168；经济性产出的平均效率最高的前 5 个省份分别是天津、北京、安徽、湖南、河南，其效率均值均高于 0.648，最低的省份为陕西、贵州、辽宁、内蒙古和西藏，其效率均值均低于 0.050。

（3）从东、中、西三大区域来看。东、中、西部学术性效率均值分别为 0.789、0.638、0.567，只有东部地区的效率均值高于全国平均水平，呈现东、中、西部地区依次递减的趋势；东、中、西部技术性产出效率均值分别为 0.648、0.326、0.334，只有东部地区效率均值高于全国平均水平，东部效率均值最高，其次是西部，最后是中部；东、中、西部地区经济性产出效率均值分别为 0.341、0.529、0.206，东部地区和中部地区的效率均值高于全国平均水平，效率均值最高的区域为中部地区、其次是东部地区、最后是西部地区。

（4）从时间趋势来看。图3-1表示了考察期内全国农业科研机构学术性、技术性及经济性产出创新效率均值的时间倾向。从图3-1可以看出，学术性产出效率变化幅度不明显，而技术性和经济性产出效率虽然离前沿面水平还有较大差距，但从时间趋势来看，表现出明显的上升态势。进一步说明，随着国家创新驱动战略的深入推进，中国农业科研机构长期存在的创新资源投入产出效率不高、资源利用低效的状况已经有很大的改观，表现出了良好的上升势头。

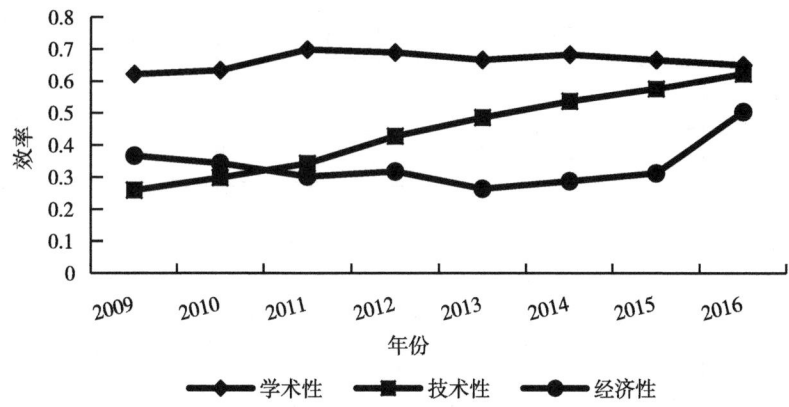

图3-1　全国农业科研机构学术性、技术性及经济性产出
创新效率均值的时间变化

3.3.3　农业科研机构科技创新效率的影响因素分析

表3-5表示了中国农业科研机构科技创新效率的随机前沿模型估计结果。从表3-5上半部分前沿函数估计结果来看，在3个模型中 $\ln K$、$\ln L$ 系数均显著异于零，且 $\ln K$ 的系数为负值，而 $\ln L$ 的系数为正值。说明两项指标对农业科研机构科技创新产出的影响是明显不同的。R&D资本对农业科研机构学术性、技术性及经济性三类产出均具有负向影响（这个结论很难），而R&D人员对其产出有正向影响。R&D资本的产出弹性为负，R&D

表3-6 中国各省份农业科研机构科技创新效率均值及排名

地区	学术性产出效率 均值	排名	技术性产出效率 均值	排名	经济性产出效率 均值	排名	地区	学术性产出效率 均值	排名	技术性产出效率 均值	排名	经济性产出效率 均值	排名
北京	0.895	4	0.885	2	0.702	2	湖北	0.769	10	0.532	11	0.581	8
天津	0.465	26	0.696	7	0.754	1	湖南	0.501	23	0.220	26	0.662	4
河北	0.785	9	0.358	19	0.082	26	中部	0.638		0.326		0.529	
辽宁	0.706	14	0.165	28	0.035	29	内蒙古	0.401	30	0.110	30	0.005	30
山东	0.909	2	0.736	4	0.364	14	广西	0.685	16	0.396	17	0.144	22
上海	0.644	19	0.891	1	0.136	24	重庆	0.408	29	0.332	22	0.329	16
江苏	0.898	3	0.780	3	0.514	10	四川	0.740	11	0.515	12	0.540	9
浙江	0.920	1	0.721	5	0.449	12	贵州	0.701	15	0.438	15	0.050	28
海南	0.730	12	0.625	8	0.137	23	云南	0.643	20	0.269	23	0.470	11
福建	0.853	6	0.715	6	0.179	20	西藏	0.227	31	0.066	31	0.001	31
广东	0.870	5	0.560	9	0.399	13	陕西	0.471	25	0.232	24	0.069	27
东部	0.789		0.648		0.341		甘肃	0.724	13	0.465	14	0.242	17
山西	0.612	22	0.366	18	0.214	18	青海	0.674	17	0.227	25	0.340	15
吉林	0.640	21	0.168	27	0.195	19	宁夏	0.455	28	0.420	16	0.136	24
黑龙江	0.796	8	0.354	20	0.600	7	新疆	0.670	18	0.545	10	0.151	21
安徽	0.500	24	0.480	13	0.690	3	西部	0.567		0.334		0.206	
江西	0.461	27	0.150	29	0.639	6	全国	0.662		0.444		0.338	
河南	0.823	7	0.338	21	0.648	5							

人员的产出弹性为正，表明相对于 R&D 资本而言，中国农业科研机构科技创新过程中 R&D 人员具有更高的产出贡献。究其原因：①农业科技创新活动具有很强的知识与技术密集型特点，R&D 人员是农业科研机构中的第一资源要素，也是农业科研机构核心竞争力的基础，随着中国教育水平的提高，R&D 人员的整体质量和素质进一步提高，越来越多的高质量和高素质科技人才加入农业科研机构中，使得农业科研机构中研发人员的产出贡献增加，进而提高了农业科研机构科技创新产出效率。②事实上，尽管多年来政府对农业科研机构的经费投入逐年增加，如数据显示，从 2000—2016 年，中国农业科研机构研人均 R&D 经费内部支出从 5.34 万元增长到 29.33 万元，而同时期全国科研机构的人均 R&D 经费内部支出分别为 30.83 万元和 50.23 万元，可见与同类科研机构相比依旧是最弱的。但本研究表明：在考察期内，如果一味地加大 R&D 资本投入，并不会带来农业科研机构科技创新成果产出的增加，这似乎有悖常理。究其原因，可能与 R&D 经费的配置结构不够合理有关。比如现阶段，科技计划过多依赖竞争方式，过度的竞争导致了竞争性的政府资金逐年提高，而非竞争性的资金逐年降低，使农业科研机构中 R&D 投入过度集中到少数几个单位或个别知名专家手中，这种过于集中可能并不会随着 R&D 经费投入增长各种科技产出出现相应的增加。以上原因造成表面上看是规模投资过度，实际则是 R&D 投资不足，最终导致 R&D 总体上存在非效率投资行为，一定程度上抑制了农业科研机构科技创新产出。

因此，高素质、高质量的 R&D 人员投入决定了农业科研机构 R&D 人员较高的产出弹性，R&D 活动全时人员对农业科研机构三类科技创新效率有正向影响；由于 R&D 经费配置结构不合理，造成看是规模投资过度，实际则是 R&D 投资不足决定了农业科研机构 R&D 资本较低的产出弹性，R&D 资本对农业科研机构三类科技创新效率有负向影响。进一步说明了在考察期内，中国农业科研机构创新产出主要是依靠投入科技人员的数量拉动的。这和许朗（2009）早期研究的结论基本一致。

进一步分析中国农业科研机构科技创新效率不高的原因，分析影响创新效率的关键因素，见表 3-5 下半部分效率影响因素，以期为提高农业科研机构科技创新效率提出有针对性的政策建议。

人员数量结构（Pstruc）在模型 1 和模型 2 中的回归估计系数均显著且为负，而在模型 3 中的回归估计系数虽显著但为正。说明人员数量结构对学术产出效率和技术性产出效率均有显著的促进作用。科技人员作为科技创新活动的主体,科技人员比重越高,农业科研机构学术性和技术性创新能力就越强,学术性和技术性创新产出成果越多,可见,在农业科研机构人员结构中,提升科技人员的比重可以有效增强农业科研机构的学术性产出和技术性产出效率。但是对农业科研机构的经济性产出而言,人员结构中科技人员的比重越高,反而效率越低。究其原因:这主要是由于经济性产出与其他两类产出相比而言,技术转让是市场行为,与其是否有潜在经济价值或者潜在应用价值有关,更重要的是能否出售、转让有关。其原因可能是与农业科技政策对农业科技人员在科技成果转让中的态度不明朗,科研人员进行市场化开发的动力不足有关。

人员素质结构(Profes)在模型2和模型3中显著,且回归估计系数为负,而在模型1中虽不显著,但回归系数为负。说明人员素质水平越高,农业科研机构的技术性和经济性创新产出能力越强,成果的产出数量越多。可见,提升农业科研机构中人员素质,可有效增强农业科研机构技术性及经济性产出效率。但是对于学术性产出指标估计结果不显著的原因可能与使用学术论文和著作指标来反映学术性指标本身的缺陷有关,它只是反映了科技创新产出成果的数量,很难反映成果的档次及质量,而高素质人员在学术性产出上往往追求的是高档次高质量的成果,但高档次高质量的学术成果不仅需要的时间周期比较长,难度也比较大。最终造成人员素质结构对农业科研机构学术性产出效率影响不显著的表象。

政府的支持(Gover),只有在模型3中显著,而在模型1和模型2中都不显著,且估计系数都为正。说明政府支持对农业科研机构的学术性、技术性产出效率影响不明显,而对经济性的产出效率有负向影响。由于科技创新有其自身规律,特别是技术转让是市场化行为,在考察期内,通过提高或增加政府对农业科研机构的支持,仅仅是单纯地增加了对农业科研机构的创新资源投入,但实际上并没有增强农业科研机构的科技创新产出效率。

基础设施(Base),在模型1、模型2中的回归估计系数都显著,而在模型3中回归估计系数不显著,但在这三个模型中,系数均为负。说明农业科研机构的基础设施条件越完善、越坚实,学术性和经济性创新能力越强,学术性和经济性创新成果越多,农业科研机构科技创新产出效率越高。

其他控制变量,如经济发展(Econom)、农业发展水平(Agrdeve)。经济发展(Econom)在模型1、模型2和模型3中系数均显著且为负,说明经济发展水平越高的地区,农业科研机构科技创新效率越高,这可能主要是由于经济发展水平越高的地区,往往是资金比较充裕、人才比较聚集的地区,这为农业科研机构的科技创新活动提供了优越的条件，在一定程度促进了农业科研机构科技创新活动效率的提升。农业发展水平（Agresour）在模型2和模型3中系数均显著且回归系数为负值，而在模型1中不显著。可见，农业发展水平对农业科研机构的学术性产出效率没有显著的影响，而对技术性及经济性产出效率有正向影响。表明农业科研机构虽然在技术性和经济性产出上能够结合当地农业发展情况展开研究，结合区域农业发展中实际面临的问题展开创新研究，产出更多技术性和经济性成果，但是，在学术性产出上依旧出现创新与实际脱节，创新与农业发展情况相悖的现象。

3.4 小结

基于科技创新成果异质性视角，本文将农业科研机构科技创新成果分为学术性、技术性及经济性三类。采用2009—2016年中国大陆31个省份地市级以上农业科研机构研发面板数据为样本，运用SAF方法对其3类科技创新效率状况进行了分析评价，并对其关键影响因素进行了探索性的研究，研究结论主要有以下几个方面。

第一，总体来看，中国农业科研机构的学术性、技术性及经济性产出效率依然比较低，均存在较大的无效率现象，3类效率产出都有很大的改进空间。而经济性产出效率改进空间更大、其次是技术性产出效率、最后是学术性产出效率。

第二，省际之间农业科研机构的学术性、技术性及经济性产出效率存在明显差异，发展不均衡。从三大区域来看：学术性产出效率均值呈现东部地区最高、中部地区次之、西部地区最低的分布特征；技术性产出效率均值呈现东部地区最高，其次是西部地区，最后是中部地区的分布特征；经济产出效率均值呈现中部地区最高、其次是东部地区、最后是西部地区的分布特征。从时间趋势来看，农业科研机构技术性、经济性产出效率尽管比较低，但已表现出了上升的态势。

第三，相对于R&D资本而言，中国农业科研机构科技创新过程中R&D人员具有更高的产出贡献，中国农业科研机构科技创新产出效率主要是依赖于R&D人员的投入推动的。

第四，科技创新非效率因素的影响对3类产出效率不尽相同：人员数量结构对学术性产出及技术性产出有显著地促进作用，而对于经济性产出有负向影响；人员素质结构对技术性及经济性产出都有促进作用，但对学术性产出影响不显著；政府支持对经济性产出都有负向的影响；基础设施对学术性及技术性产出都有促进作用，但对经济性产出效率影响不显著。另外，科研机构所在区域经济发展水平对农业科研机构科技创新效率均有正向影响，农业发展水平对技术性和经济性产出效率有促进作用，但对学术性产出效率影响不显著。

  本文研究结论的政策启示如下：第一，应通过适当增加 R&D 活动人员，将更加有助于提升农业科研机构科技创新效率；第二，鉴于农业科技创新的特殊性及重要性，在保证对农业科研机构财政拨款稳定增长的基础上，针对不同的科技创新产出类型，应通过进一步优化 R&D 资金投入结构及投入方向，提高科技经费的使用效率，提升农业科研机构科技创新效率；第三，改革现有选人、用人考核和评价激励机制，充分调动现有科技人员积极性、创造性和主动性，提升农业科研机构科技创新效率；第四，根据科技创新不同环节、不同成果类型的特征，对各省份及东、中、西各区域应制定差别化的支持模式和科技评价体系，加强科技创新能力，形成有利于各类科技成果产出、转化的体制机制，提升农业科研机构科技创新效率。

第4章 公私部门农业科研合作

4.1 我国公私农业科研合作的发展历史

我国农业私人部门的发展由于受经济体制演变影响，发展历程曲折。1978年之前，我国私营经济仍处于缓慢发展阶段，农业企业主要由社队企业演变而来的乡镇企业和改制国营企业组成，由于技术底子薄，从事劳动密集型产业企业比例高。1978—1990年，私人企业增长速度快，受市场需求变化和企业发展需要驱动，对技术、人才引进需求强烈，科研活动多以技术（专利）服务的形式开展，以问题解决为目标。之后，私人企业呈爆发式增长。在1990—2000年，出现了国有企事业单位"下海潮"以及外资企业发展热潮，这类私人部门借助与公共部门的"关系"或外资优惠政策，更便利地获得公共部门的技术转让（服务），也促进了公私部门知识和人员的交流。但由于政府没有针对性的政策激励，公私部门科研合作缺乏实质性的利益联系，科研合作可持续性不强。从2000年至2016年，私人部门开始引进和培养专业技术人员从事技术研发。自主研发能力强，发展规划明确的企业，更倾向于利用政府相关支持政策开展自主研发，同时进行企业内部管理制度改革，研发成果产权界定清晰。目前公私部门科研的捆绑机制主要有以下几类：一是政府项目合作申请，企业需要与公共部门科研工作捆绑结合，才能获批；二是科研机构构建实验、开发基地，而自身的软硬件无法匹配，需要利用企业生产资料作为知识到技术转化的载体；三是公私部门互为服务对象，是紧密的科研上下游关系，企业对市场微观层面的判断有利于公共部门基础科研明确的问题导向。

4.2 近年促进公私部门科研合作的相关政策和举措

4.2.1 公私部门联盟

在全球经济持续疲软的背景下，政府、产业、研究领域关注科技创新的视角和出发点齐聚重大、革命性知识生产和技术创新，以及科技成果转移转化和产学研合作机制和动力。同时，在纵向和横向行业及产业链条联盟和互联网、物联网重要性日益凸显的形势下，农业科研领域联盟在近年如火如荼地开展（表4-1）。目前，农业领域的联盟主要有三类，第一类是由国家相关部门发起，形成中央与地方、科研院所与企业共同参与的行业协同创新联盟，目标在于推动政产学研用紧密结合，搭建科企合作的平台，同时利用重大项目和课题作为实体载体，形成共同的任务，围绕国家重大需求和农业发展全局性、基础性、长期性和区域性重大科技任务开展联合攻关，突破一批重大科技难题和核心关键技术。最具代表性的就是2014年由中国农业科学院牵头成立的全国农业科技创新联盟，2016年在该联盟的平台框架下，还成立了农产品质量安全科技创新协作网、全国种质资源共享联盟、全球农业大数据与信息服务联盟。这类联盟由行政部门主导，将部门职能和具体的科研任务有机结合，并将行业协会和龙头企业纳入联盟平台，有利于在联盟层面形成目标一致、优势互补的合作机制。这类联盟打破了以往的研究所、团队和研究领域各自攻关的科研模式，有利于协同性、创新性、集成性技术研发。第二类联盟是由科研单位发起，由相关部门或协会牵头共同成立的致力于某个领域或某项技术创新联盟，这类联盟以科研机构和企业为主体，依托领域内重大国家级科研课题，采用产学研结合的机制，积极开展交流与合作。由于这类联盟领域并不宽泛，技术研发方向明确，既瞄准国内外科学前沿开展攻关，也针对我国不同生态区、不同主产区、不同经济发展水平地区开展适用性技术的研发、试验和示范。这类联盟重点推动产业链、创新链、资金链融合，提升我国相关产业核心竞争力。第三类联盟是由企业或民间团

表4-1 部分农业科技创新联盟

联盟名称	成立时间	牵头单位	目标
国家农业航空产业技术创新战略联盟	2011年	华南农业大学	采用产学研结合的机制，积极开展交流与合作，推广农业航空应用
产业技术创新战略联盟[①]	2007年	科技部	探索建立产学研合作的信用机制、责任机制和利益机制，探索承担国家重大技术创新任务的组织模式和运行机制，探索整合资源构建产业技术创新平台、服务广大中小企业，探索率先落实国家自主创新政策，发挥行业技术创新的引领和带动作用
国家马铃薯产业科技创新联盟	2016年	中国农业科学院	破解制约马铃薯产业发展关键技术瓶颈，解决农业科技资源碎片化问题；探索建立协同创新机制

① 该联盟下与农业相关的技术创新联盟有：农业装备产业技术创新战略联盟、大豆加工产业技术创新战略联盟、农药产业技术创新战略联盟、茶产业技术创新战略联盟、杂交水稻产业技术创新战略联盟、柑橘加工产业技术创新战略联盟、油菜加工产业技术创新战略联盟、缓控释肥产业技术创新战略联盟、畜禽良种产业技术创新战略联盟、饲料产业技术创新战略联盟、肉类加工产业技术创新战略联盟、乳业产业技术创新战略联盟。

(续表)

联盟名称	成立时间	牵头单位	目标
国家智慧农业科技创新联盟	2016年	中国农业科学院	联合开展互联网、物联网、信息技术和设备等关键技术及配套产品研发以及相关国家与企业标准制定
全国农业科技创新联盟	2014年	农业部	围绕国家重大需求和农业发展全局性、基础性、长期性和区域性重大科技任务，突破一批重大科技难题和核心关键技术
农产品质量安全科技创新协作网①	2016年	中国农业科学院农业质量标准与检测技术研究所	我国农产品质量安全科学研究与技术支撑体系的建设与发展
全国种质资源共享联盟	2016年	中国农业科学院	农作物种质资源研究与利用，构建统一高效的农作物种质资源科技协同创新机制
全球农业大数据与信息服务联盟	2016年	中国农业科学院	海外信息建设和共享，农业走出去公共信息服务

体发起，基于某种农业发展理念或价值观，开展组织合作交流、技术创新、产业协作活动。这类联盟为非独立法人联合组织，联盟组织结构较为松散，涉及产业、科研领域广，以信息共享、资源互补、产销对接、企业品牌共建及中介服务作为依托，兼具行业协会和网络平台的功能。联盟依靠其公信力和金融工具支持的农产品或农资交易平台，构建企业自我约束能力。

4.2.2 设立针对私人部门的创新引导专项（基金）

"六五"时期我国设立了第一个国家科技计划"六五"科技攻关计划，之后随着综合国力增强，相继设立了星火计划、国家自然科学基金、"863计划"、火炬计划、"973计划"、行业科研专项等。这些科技计划取得了一批重大科研成果，凝聚和培养了高水平团队，有力支撑了我国改革与发展的进程。但是，各类科技计划（专项、基金等）是在不同时期分别设立，门类越来越多，缺乏顶层设计和统筹考虑。从管理层面来看，科技计划体系庞杂，相互交叉、不断扩张，管理部门众多，造成科研资源配置分散、计划目标发散、创新链条脱节。科研人员多头申报情况屡现，申请项目占用了科研人员的大量精力。从科研计划效果来看，虽然科研产出总体质量、数量都有大幅提高，但具有革命性的新知识和新技术的生产仍然不能满足改革和发展的需要。2014年国务院颁布关于深化中央财政科技计划的改革方案，通过

---

① 以下3个联盟为"全国农业科技创新联盟"平台下的联盟。

撤、并、转等方式按照新的五个类别对现有科技计划（专项、基金等）进行整合，大幅减少科技计划（专项、基金等）数量。2016年新五类科技计划布局初步完成（表4-2）。同时，构建了以联席会议制度为基础的科技管理平台，设立战略咨询和综合评审委员会。强化过程管理，建立动态调整和终止机制，建立国家科技管理信息系统，为提供宏观统筹和信息公开技术支撑，也向社会公开信息，接受监督。

表4-2 五类科技计划体系

"十二五"	"十三五"	2016年规模	核心产出
国家自然科学基金	国家自然科学基金	248.66亿元	基础研究和科学前沿探索与创新
国家科技重大专项	国家科技重大专项	108.28亿元	科技竞争中"卡脖子"问题的限时、集成协同攻关
"973计划"、"863计划"、国家重点基础研究发展计划等4个计划（专项）①、产业技术研究与开发资金②、公益性行业科研专项	国家重点研发计划	125.88亿元	关系民生和社会发展的科技瓶颈问题
新兴产业创投基金③、政策引导类计划、科技成果转化引导基金④、中小企业发展专项资金中支持科技创新的部分⑤、其他引导支持企业技术创新的专项资金、国家（重点）实验室、国家工程技术研究中心、科技基础条件平台、国家工程实验室、国家工程研究中心	技术创新引导专项（基金）	100亿元	风险补偿、后援助、创投引导、成果转化、资本化、产业化
	基地和人才专项	—	资源共享、创新人才、优秀团队

从2016年的实施情况来看，新设立的技术创新引导专项、国家中小企业发展基金、国家新兴产业创业投资基金和国家科技成果转化基金作为4个中央层面基金，通过创投引导、贷款风险补偿、绩效奖励、后补助等方式引导和带动金融资本和社会资本进入创新领域。引导专项（基金）按照市场规律促进科技成果转移转化和资本化、产业化，仅技术创新引导专项一项的年度经费总额已与国家科技重大专项和国家重点研发计划规模相当。由企业提出需求，坚持市场主导，注重成果转化。这标志着政府部门不仅投入资

---

① 包括科技部管理的国家重点基础研究发展计划、国家高技术研究发展计划、国家科技支撑计划、国际科技合作与交流专项；原来由发展改革委、工业和信息化部管理；由发展改革委、财政部管理；由科技部管理；由财政部、科技部、工业和信息化部、商务部共同管理。

金，同时也进行利益让渡，配合公共部门开展的科技成果使用权、处置权、收益权改革，推动私人部门共同参与科技成果转化，为创业投资界提供了新的规范募资渠道和实施创新驱动发展战略的平台。

4.2.3 财务管理改革促进公私部门人员交流

近年，公共部门科研经费财务管理改革的重大举措是设立了间接费用和开放劳务费。间接费用是相对于直接费用的成本补偿，直接费用是指与课题研究开发过程中发生的与课题直接相关的费用，间接费用则指无法在课题任务中列支的如研究承担单位的设备损耗、房屋租赁、水、电、气等费用。以往，这类费用被统一纳入管理费列支，然而管理费的比例一般有额度限制，仅为总课题费用的5%，根本无法覆盖实际发生的成本。在2012年事业单位的分类改革之后，一些没有列入公益性事业单位因财政拨款大幅减少或脱钩，而课题费又不能列支办公基本开支，陷入"有钱没法用"的局面。虽然在此之前一年，财政部、科技部联合下达的《关于调整国家科技计划和公益性行业科研专项经费管理办法若干规定的通知》，首次提出了科研项目经费中"间接费用"的概念，且规定了其内涵及使用范围，还大幅提高了间接费用在整个项目经费预算中所占的补偿比例。但"间接费用"的列支和管理仍处于有政策没有相关细则的状态。

2016年国家自然科学基金和国家社科基金在《项目资金管理办法》中明确提出了间接经费，并强化依托单位的管理责任，建立依托单位的信用等级、评价体系。办法明确规定，对于50万元及以下部门间接费用占课题总经费比例为30%，超过50万元至500万元的部分为20%；超过500万元的部分为13%。间接费用不仅包括间接成本和管理费用，也包括激励科技人员的绩效支出。可以为项目研究过程中参与项目研究的研究生、博士后、访问学者以及项目聘用的研究人员、科研辅助人员发放劳务费。劳务费开支标准，参照当地科学研究和技术服务业人员平均工资水平以及在项目研究中承担的工作任务确定，其社会保险补助费用也纳入劳务费列支。

设立间接费用和开放劳务费，研究机构既解决了后顾之忧，又可以利用科研经费面向社会聘用相对稳定的专职或兼职科研队伍。公共部门团队聘用人员可以跳出编制的禁锢，按照团队导向、按需设岗、灵活聘用、明确职责、合同管理的思路，有利促进了公共部门和私人部门的人才交流。

4.2.4 公共部门科技成果处置、收益权改革

2015年8月中央修订了《科技成果转化法》，调动公共部门各级事业单位和科技人员创新创业积极性，促进科技转化，明确放开科技成果管理权限。鼓励国家设立的研究开发机构、高等院校通过转让、许可或作价投资等方式，向企业或其他组织转移科技成果，并享受相关政策，以调动创新主体积极性。具体细则包括：一是自主决定转移其持有的科技成果，原则上不需审批或备案。鼓励优先向中小微企业转移成果。支持设立专业化技术转移机构。二是成果转移收入全部留归单位，主要用于奖励科技人员和开展科研、成果转化等工作。科技成果转移和交易价格要按程序公示。三是通过转让或许可取得的净收入及作价投资获得的股份或出资比例，应提取50%[①]用于奖励，对研发和成果转化作出主要贡献人员的奖励份额不低于奖励总额的50%。科技人员在成果转化中开展技术开发与服务等活动，可依法依规获得奖励（表4-3）。在履行尽职义务前提下，免除事业单位领导在科技成果定价中因成果转化后续价值变化产生的决策责任。四是科技人员可以按照规定在完成本职工作的情况下到企业兼职从事科技成果转化活动，或在3年内保留人事关系离岗创业，开展成果转化。离岗创业期间，科技人员承担的国家科技计划和基金项目原则上不得中止。鼓励企业采取股权奖励、股票期权、项目收益分红等方式，激励科技人员实施成果转化。五是将科技成果转化情况纳入研发机构和高校绩效考评，加快向全国推广国家自主创新示范区试点税收优惠政策，探索完善支持单位和个人科技成果转化的财税措施。更好发挥科技创新对稳增长、调结构、惠民生的支撑和促进作用。下放科技成果管

表4-3 部分省份科技成果转化现金收益分配执行标准

省份	执行标准
湖北	现金收益70%~99%归研发团队；作价入股形成的股权，高校院所占作价入股股权的5%，其余95%的股权归研发团队
河北、吉林、广东、山东、上海	现金收益的70%归研发团队
四川	一年内未实施转化的职务科技成果，成果完成人或团队拥有成果转化处置权

---

① 一些地方根据中央政策将地区奖励比例进行了调整，例如广西区将该比例提高到70%~99%。

理权限是深化科技体制改革在内的全面改革的明确信号,强调要让公私部门一切劳动、知识、技术、管理、资本的活力竞相迸发,促进科技成果资本化和产业化。

4.3 公私部门农业科研合作主要模式

4.3.1 政府为私人部门提供研发补偿

这是合作模式中最简单的一种,由政府部门向私人研究者提供研发补助资金。这种合作模式中的私人和公共部门并没有技术上的合作,并且政府也不会向私人索取或者分享所资助项目产生的任何成果和收益。但在选择资助项目时,会优先选择那些符合政府目标的项目。目前与大多数农业企业相关的研发补偿资金主要有:农产品加工示范企业补助资金、中小企业技术创新基金、农业科技成果转化资金、农村合作组织发展资金等。通常,每类资金对申报企业都有相应的评价指标。以农产品加工示范企业补助资金为例,对企业的主营业务规模、主营业务收入占总收入比例、相关质量体系认证、财务指标、信用等级、企业对农户增收带动作用及消化国产原料比例等,都有详尽的规定。政府为私人部门提供研发补偿都是无偿投资,但补偿额度因项目而异。

4.3.2 技术服务或专利转让

该模式主要指公共研究机构将获得的专利或者技术有偿转让给非公研究机构或者私人企业使用。该模式中,公共研究机构获得了专利或技术的转让费,同时消除了自己转化运用技术的风险和成本,理论上有利于技术的转化运用。而私人部门则获得了独占技术,可以通过进一步的开发运用,利用技术与产品优势占领市场,获取商业利润,同时也避免了前端技术研发的高投入与风险。专利授权的收费方式通常包括买断或者利益分成实现。

中国农业科学院农业知识产权研究中心发布的《中国农业知识产权创造指数报告》显示:截至 2014 年,每万名农业从业人员拥有的发明专利数有 2.9 件,加上植物新品种权,为 3.0 件。其中,种植业、畜牧业和渔业分别有 0.52 件、0.35 件和 0.08 件。农化、农业生物技术产业的专利数量相对较多,属于农业中的高新技术部门。但另外,我国农业知识产权创造指数排名前十的企业在全球(含国内)农业专利申请量与跨国公司相比差距十分巨大。申请量最多的内蒙古伊利实业集团有限公司（532件）相当于全球排名第一的赛诺菲-安万特集团（法国）申请量（12.78万件）的0.42%。此外，农业知识产权创造指数企业排名第一的内蒙古伊利实业集团股份有限公司为25.04%，只相当于科研单位排名第一的中国科学院99.00%的1/4。

4.3.3 合作研发与合资

该模式（图4-1）是指公共研究机构和私人企业达成研究协议，共同研究、开发并商业化某一技术。在该模式中，公共研究机构主要通过提供人员、设备和实验室使用权等方式提供技术方面的支持。私人企业则提供必要的研究经费、实验材料和一些自有技术。对合作产生的专利通常是共有，合作的企业拥有优先使用权。

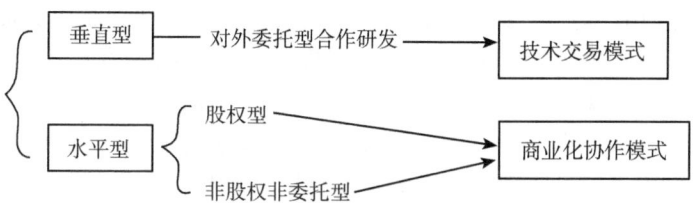

图4-1 公私部门合作研发与合资模式

在操作层面，通常有两种模式。一是由公私部门共同协商科研目标，由企业向科研部门委托合作研发任务，通过发展协议、共同研究合同、交叉许可协议以及研发契约等形式，借助双方的科研资源开展研究。公共部门只从事与执行双方已达成协议的科研内容。在合作研发合同达成时，公私部门对未来科技成果产权使用、处置和收益权进行了先期协商和安排。二是由私人部门发起或主导商业化协作模式，通过公共研究部门以资金、非职务科技成果或者有效专利入股、参股私人企业并分红。这类合作研发模式将公私部门合作环节从技术创新推展到产品开发、市场预判、销售等终端环节，同时私人部门也要依据科研内容、方向和效率投入相应的资源和市场能力。

4.3.4 行业内或行业间研究联合会

研究联合会模式是合作研发与合资的复合体，在原有一对一的合作基础上，加入更多参与者，形成合作网络。由于参与者的增加，合作研发资源和能力得到更好的利用，参与的私人主体可以结合自身需求进行深度开发，获得经济收益。合作者之间通过合作保密协议，实现技术专利的独占使用。

这种合作模式与以上几种模式相比，虽然科研任务的目标性和针对性略弱，但由于参与主体多，有利于形成潜在的合作机会，让行业内或行业间不同的主体互相了解，把握整个行业前沿技术发展方向。同时，由于行业间的参与与合作，可以促进集成、集约科研创新，开辟用统筹思路解决技术瓶颈问题的新思路。

4.3.5 双边和多边研发联盟

如何让科技成果转化为现实生产力是许多国家着力解决的首要问题，各国政府部门不仅把目光聚焦到本国内的科研主体，也着力促进各国或多边合作机制框架下的公私部门科研合作，以期实现各国前沿技术合作、交流和信息沟通。这种在双边和多边框架下的研发联盟，可以促进联盟成员的合作，合作内容不仅局限于技术创新，还可以探索互利互惠的发展策略和商业模式，协调国际集团（企业）的关系，自觉规范市场行为。

国际研发联盟有利于发展中国家和发达国家之间的跨国合作与技术转移，统筹各国资源，实现革命性的制度和技术创新。此外，这类合作模式形成的自主知识产权产品和集成应用解决方案，可以主导和参与国际、国家或行业标准制定。目前，我国参与的多双边国际研发联盟（合作）大都基于政府间合作协议安排。由于这类合作模式以新技术交流带动的新品种研发和农产品贸易，因此参与主体既有科研部门、项目试验区（试验站）、企业，还有农民合作社、农场等微观主体。

4.4 小结

4.4.1 私人部门参与科研合作的意义

对接技术供给与需求一直是科研创新发展历程中备受重视的问题，从20世纪80年代开展星火计划、火炬计划，助推小型企业创新，90年代通过结构调整向市场分流科技人员，以创业孵化器、产业园、高新区作为载体开展产学研协同创新，这些举措的目标都是促成生产要素和包括科学知识发展、技术发明等生产条件形成最佳组合，进入生产体系。由于农业科研创新需要经历从实验室到田间的"二次改进"才能真正推广应用，对接技术供给与需求的迫切程度更高。

未来15年，新一轮科技革命和产业革命与我国经济发展新常态和农业现代化进程形成历史性交汇，将带动生物种业、食品产业、农业药物、资源利用、能源开发、装备制造等现代农业产业革命与发展。面对这些新挑战和新形势，按部就班地跟踪国际研发显然已经不能满足现代农业发展和建设科技强国的需求，必须在遵循农业科技发展规律的前提下，整合公共和私人科研资源，开展交叉学科创新，建立开放、流动、竞争、协作的农业科研创新机制。

虽然中国农业科技创新主体一直以来都以公共科研机构和公立大学为主，私人部门处于次要位置，但是随着近年来私人部门的快速成长，已经具备成为农业科技创新主体的能力和条件。私人部门在科技创新中具有更强的市场导向性，相比公共部门农业科技创新主体，更有利于促进科技成果的转化运用。中国整体农业研发投入强度还比较低。20世纪90年代中期，发达国家农业科研投资强度平均已达到2.37%，30个最低收入国家20世纪80年代的平均水平也有0.65%。私人部门投资不足是导致农业科研投资强度与其他国家差距较大的重要原因。2016年我国的基础研究、应用研究和试验发展经费占研发（R&D）经费总支出的比重分别为5.1%、10.8%和84.1%。世界上主要创新型国家基础研究占比大多在15%~30%。我国大部分创新活动属于科技创新后期的应用开发，借鉴、引进国外先进技术，对基础研究阶段的投入明显不足。促进私人部门参与科技创新，有利于公共部门科研经费结构优化，将更多的资金投入基础研究领域。

4.4.2 农业领域私人部门科研投入现状

科研投入规模小且占比没有大幅增长。农业私人部门的投资规模没有相应的统计数据，20世纪末的估计数为行业研发投资总额的2%（黄季焜等，2003）。21世纪以来，中国私人部门农业研发投入快速增长，扣除物价上涨因素影响后，年均增长26.9%。从私人部门投资总量、有研发机构的企业比重、有研发活动的企业比重、企业研发投入强度和企业R&D人员等指标来看，私人部门的创新参与水平已明显提升，并且保持增长趋势。但与此同时，公共部门同样在加大农业研发投入力度，因此，私人部门研发投入比重并没有大幅提升。

科研水平落后。改革开放以来，制度对私人部门的约束已经逐步放开，但长期形成的计划经济烙印短期内难以消除。国家科技计划已经明确提出

"企业是技术创新的主体",但前沿和基础性的科研创新工作仍集中在以公共科研部门为主的体制内部。我国农业企业的研发投入、研发水平和软、硬件水平与我国农业生产规模严重不匹配。农业私人部门投资能力不足、技术储备较差、管理水平落后。中国的农业企业的生产技术水平较低,大量技术创新从其他行业引入,并且缺乏高端的深加工。

私人部门需要面对公共部门的创新挤出和国际巨头与国内大型国有企业竞争的双重压力,无论是吸引和留住技术人员,还是提升自身盈利水平投入研发活动,换来潜在的技术创新收入,都是难题。一方面在薪资上难以满足高端研发人员的要求,另一方面在基础条件、地理位置等方面难以吸引人才。农业行业的薪资水平低于行业平均水平,本身难以吸引优秀人才的加入。因此农业"双低"特点导致了农业技术人才的缺失。

4.4.3 促进私人部门参与农业科研政策思路

优化政策环境。一方面要从政策上加快落实研发加计扣除政策,扩大政策覆盖范围;制定促进中小企业发展的税收优惠政策,鼓励中小企业通过技术创新提升企业竞争力。另一方面,要对不利于私人部门发展的非公平竞争制度进行改革。加强依法治国思想在具体领域的实施,推动创新管理的法制化,保障私人部门的平等权益,消除私人部门参与过程中的身份不平等、机会不均等、特权保护等问题。

加强制度/法律环境。通过加强立法,提升实际执法力度,更好地发挥知识产权保护制度的作用。虽然实证结果表明知识产权对企业研发投入具有负向作用,但造成这一结果的原因可能是中国企业自身创新能力的不足。因此,必须通过专利保护制度的改进,结合类似加计扣除的政策支持,为国内企业创造与国际接轨的专利保护环境和有利于提升创新能力的发展条件。

合作机制。建立公私合作机制的标准流程,提高合作的规范性和科学性。合作之初明确合作的目标和共同利益;合作过程中建立合法合理的责任机制并制定正式合作协议,加强合作监督;针对合作技术成果要科学评估,根据协议目标进行成果鉴定、使用和利益分配;总结合作经验,探索建立长期稳定的合作关系;尝试构建公私合作的运行机制和第三方管理平台。

能力建设。私人部门创新能力的提升可以促进成果转化,而创新能力主要来自于私人部门的研发投入和研发人员投入。政府可以通过政府优先采购、提供孵化平台等措施，提升私人部门创新收益，降低风险，进而支持私人部门技术创新。加快公共事业单位人员管理机制改革，促进科技人才向私人部门流动，提升创新资源利用效率。制定适用于企业的人才引进优惠政策，让科研人员在企业中同样可以享受到地方的人才引进政策。

第 5 章 美国农业科技政策变迁及对中国的启示

农业科技进步是提高农业竞争力、助力乡村振兴的首要着力点，其组织形式、制度框架以及规模与效率依赖于所处的经济和政策体制。因此，国家的科技政策体系、机构设置、经费支持强度以及政策导向都关系到科学研究投入产出的效率和效果，决定了竞争力水平。科技政策不仅关注基础研究，也关注知识生产和技术创新的相互依托和促进，它是依据科学技术发展规律和科技需求制定的集研究、实验和推广的一揽子政策。通常，紧密联系的基础研究和应用研究的组织方式才能形成有效率的研究体系，否则每个环节的生产率都会受到不利影响。由于农业科技的特殊性，不仅需要从实验室到大田的中试，还需要解决技术是否经济可行及其与生产模式、劳动力和投入品的匹配等问题。因此，技术创新的组织方式在农业科研中的作用更加重要。美国自20世纪初开始一直保持着强大的科技实力和科技产业化效率，其依靠科技提高农业生产效率，促进公私部门科研合作的政策体系建设和发展路径经历了从第二次世界大战期间到21世纪初约60余年的发展完善，构建了以科研投资政策法规/法案为主，税收、知识产权、反垄断等配套体系和成果转化、推广机制、主体建设为辅的科研体系。美国国会一直秉承建立有效的研究体系，引导建立公共部门和私人部门协作关系的理念，注重在科研成果转化、试验示范、对接科技供给与需求、国家科技战略布局等方面进行了许多改革和尝试。

本文以总结和归纳美国农业科技政策变迁为中心，从各个阶段的政策着力点和重大改革入手，对美国农业科技政策进行了系统梳理，着重分析政策变迁及相应的机构、体制和经费改革的变迁特征和发展特征。本文的目标是甄别历次技术政策改革中的关键政策及其政策的作用机制，剖析两大问题：第一，美国农业科技政策的演变路径，各阶段关注的重点，以及美国政策制定的依据、机制和相关机构的运行方式，决定政策演变的主导因素是什么。第二，农业技术政策的特殊性有哪些，在制定科技政策时应重点关注什么，如何建立科学的政策决策体系，体现各方参与农业科研的主体利益，重视提高土地产出率、劳动生产率、绿色发展水平、农民增收等农业农村发展的重点目标。以上研究问题将为借鉴美国经验，促进我国科研体制改革，建立面向需求的科技研发、技术推广和成果转化体制，形成科技供给与生产需求的良性互动提供重要的借鉴意义。

第5章 美国农业科技政策变迁及对中国的启示

5.1 美国农业科技政策变迁

5.1.1 1980年之前：政府投资农业科研，注重技术推广

美国联邦政府本着科学就是国家利益和战略的理念投资科研。19世纪中期，50%的美国人口生活在农场，60%的社会就业与农业有关，但农民和农场家庭获得技术教育的渠道很少。为给农业教学提供科学研究的基础，给农民提供更多的农业实用技术和机械技术教学服务，1862年美国国会通过了赠地大学法案（Morrill Land Grant College Act）。1887年，国会又通过了孵化实验站法案（Hatch Experiment Station Act），建立了在赠地大学人力资源和技术支持下的州一级的农业试验站体系。法案还允许通过农业部对试验站进行拨款，用于实验室研究成果的实验示范。1914年，国会采取进一步措施，建立了合作农业推广服务局，联系联邦、州和县政府之间的协作，保障试验站和农业部开发的知识和技术也可以服务于没有在大学就读的农民。直到第二次世界大战（1940年以前），农业研究一直在联邦政府预算中享有特权地位，40%的联邦政府科研（1940年联邦农业科研投入为2910万美元）支出用于美国农业部实验室研究和试验站的推广研究。

第二次世界大战（简称二战）后，联邦政府投入国防和军工研发比例提高，挤占了农业科研投入。然而大学从国家科学基金（NSF）和国家健康研究所（NIH）获得了更多的研究投入，因此整体来看农业科研投入中政府投入仍然保持在30%~35%的比例［1960—1970年，政府投资农业科研资金年均增长率为12.3%，1970年达到4.58亿美元（名义价格）］。但由于研究主体较多，美国1980年之前农业研究系统分散，各种制度、模式和基金混杂，没有形成国家需求主导的农业科研体系。

5.1.2 1980—1993年：构建鼓励私人企业投资农业科研制度体系

20世纪70年代至80年代末，美国经历了严重的贸易赤字和国民收入持续滞涨，同期正值日本、西德、法国和英国经济崛起。美国虽然在高技术贸易方面还存在盈余，但相比研发投入规模，贸易盈余收益过低。1980年美国联邦政府享有财产权利的专利技术大约为2.8万项，其中只有不到5%的商业产品的开发被发许可证给企业。技术转化率低，政府科研投资效益低，倒逼美国政府在1980年之后密集地出台了一系列促进联邦政府资助科

研成果进入商业化运作。其中，《技术创新法案》（1980）要求联邦实验室开展技术转移，支持技术转移中介机构组建，《大学与小企业专利法案》（1980）技术转移和发明许可权利扩展至大学，《企业创新发展法案》（1982）允许联邦实验室与其他实体开展合作研究，《国家竞争力及技术转移法案》（1989）将技术创新法案适用性扩展至政府所有的或签约人运作的所有实验室。以上4个法案完成了技术转移制度、主体和中介平台的建设。随后，联邦技术转移法案（1986）对高技术小公司具有商业化前景的研究进行资助，国家合作研究法案（1984）允许企业在通用的、竞争前研究方面进行合作，国家合作研究法案修订案（1984）将企业研究合作扩展到生产活动是美国科研体系建设的关键政策。这4个法案放松了反托拉斯的限制，允许企业联盟应对国际竞争。

与上一阶段的农业科研政策相比，这阶段更注重公共科研机构成果转移和应用，政策体系也较为系统、全面，不仅包括了转移中介组织建设、知识产权保护、竞争政策、科研评价体制，甚至对合作研发和合作生产的模式和合作流程都进行了详细的规范。这一阶段，农业从业人员数量和农场数量迅速减少，农场规模扩大，赠地大学提高农民专业素质的途径由正式的教育项目改为技术培训和信息传播，生产性服务逐步发展起来。

5.1.3 1993—2013年：将重点研发上升为国家战略

经过公司部门科研合作法律、政策、模式和中介平台建设，1970—1990年美国农业增长的黄金时期，美国私人部门农业研发投入保持年均3%的增长速度，1981—2000年美国TFP年平均增长率达到了1.83，专利许可数量和专利许可使用费快速增长（图5-1）。但与其他行业相比，农业科研投资高风险、高投入、周期长，新品种使用滞后期甚至长达10~30年，抑制了资本和要素投入农业科研。

针对这种情况，美国政府又推出促进高技术产业发展的一系列政策和项目，包括先进技术计划（Advanced Technology Program，ATP）、制造拓展伙伴计划（Manufacturing Extension Partnership Program，MEP），还对已有的小企业创新发展项目（Small Business Innovation Research and Development Program，SBIR）加大了投资力度。虽然这些项目中农业研究的比例不高，但对农业科研中的美国基因工程、DNA诊断技术、DNA测序等生物学科基础研究贡献很大，使得美国种业、种质资源、繁育技术在全球保持领先水平。特别是在奥巴马执政期间，承诺将相当于GDP3%的资金投入基础研究中，

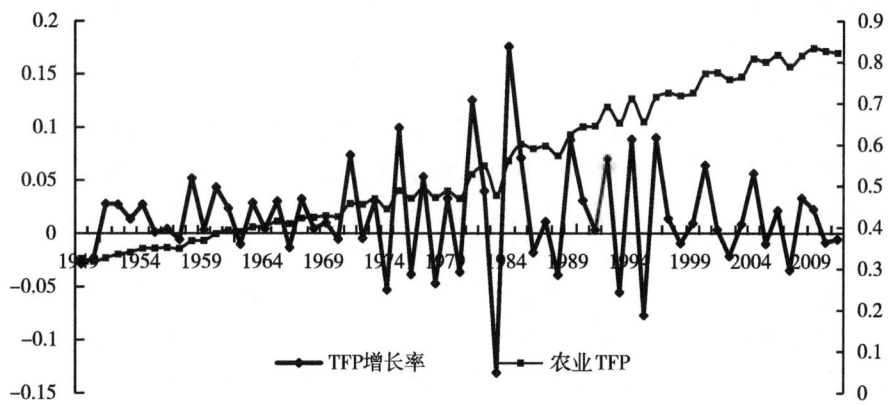

图 5-1 美国农业 TFP 变化趋势及增长率

通过《美国复苏与再投资法案》。这一阶段美国的科技政策完全抛开了政府资助企业是否造成公共资源外溢的争论,直接资助企业,促进企业与国家实验室、大学联合研发,达到缩短研发周期和降低研发成本的目标,进而推动相关的产业发展。

私人部门投资农业科研的"有偏性"(偏重于可物化技术投资)在这些政策作用下得到了改善,私人部门对生物技术、作物育种、动物健康的投资大幅增加,有效回应了当期美国农场主的技术需求、认可和采纳的偏好和需求。科技政策体系和国家愿景在这一阶段逐步完善和明确,帮助产业部门提高技术能力和国际竞争力,把突破核心关键技术和产业化作为重点。政策调整更加有效地引导私人企业的研发和生产方向与国家需求结合,同时也尊重科学研究的不确定性、周期长、投入多等客观规律,继续加大对基础研究的投入。

5.1.4 近期科技政策发展趋势

美国农业科研投入的格局从 20 世纪 70 年代末到 21 世纪初一直保持公私对半的比例,从 2010 年开始,美国公共部门农业投资占比逐渐减少,私人部门在农业和食品加工领域的投入都有进一步增加的趋势。如果计算所有的农业和食品加工领域的研发投入,2013 年联邦政府支出有 28 亿美元(占公私部门总投入 163 亿美元的 17.2%),州政府支出约 10 亿美元(占总投入的 6.1%),其他部门约 7 亿美元。包括基金会和农民协会在内的私人部门投资支出约 124 亿美元(占总投入的 76.3%)。如果仅统计除食品加工以外的农业研发投入，2013年美国公共部门和私人部门的贡献分别为45亿美元和62亿美元。

许多因素促成了公共和私人部门在农业研发中所占份额的变化。首先，美国完善的知识产权保护体系，激发了私人部门投资育种行业和基因工程研究的动力，随着私人部门新品种数量的增加，一些作物的公共育种计划被关闭或缩减。其次，私人部门在现今以基因工程为代表的生命科学领域中，由于内部机构设置灵活，更善于利用学科交叉和融合开展创新，这类交叉学科创新更利于在后期的技术和产品开发中获利。最后，发展中国家的人口和收入正在迅速增长，贸易壁垒正在下降。这些变化打开了美国农业出口的潜在市场。研究虽然需要大量的前期固定成本，但产品生产和销售成本较小，所以在行业内领先且具备一定规模的公司能够收回研发成本，并有助于其进入循环投资的良性发展。

5.2 政府部门改革

5.2.1 机构改革

1981年之前美国农业科研公共部门主要包括农业部（USDA）下属的科学与教育管理局（SEA）和州农业试验站（SAES）（图5-2）。农业部科教管理局负责农业研究相关的联邦预算项目安排及协调工作，发布相关政策，其机构包括农业研究（AR）、人类营养（HN）等若干个管理办公室，每个办公室在美国设有地区办公室或研究中心。州农业试验站是州赠地大学的附属机构，一般由赠地大学管理，研究经费主要来自州政府和农业部，只有少数州试验站：如设立在马里兰州贝尔茨维尔农业研究中心、设立在爱达荷州的绵羊试验站由美国农业部直接管理。

1981年后，美国政府通过了一系列支持农业科研及其转化，加强科研协调和战略规划的法案。为了配合相关法案的实施，美国农业部也对科研机构组织结构进行了相应调整（图5-3）。重大的调整主要有：取消科学与教育管理局（SEA），将其机构内的办公室提升为农业研究局（ARS），合作推广局（CES，由科学与教育管理局下"州合作研究办公室"和"州合作推广办公室"合并），经济研究局（ERS）、国家食品与农业研究所（NASS）等局级部门，由农业部直管；成立首席科学家办公室，协调联邦政府、州农业试验站和私人部门从事农业研究、教育和推广研究人员协调工作，制定宏观

第5章 美国农业科技政策变迁及对中国的启示

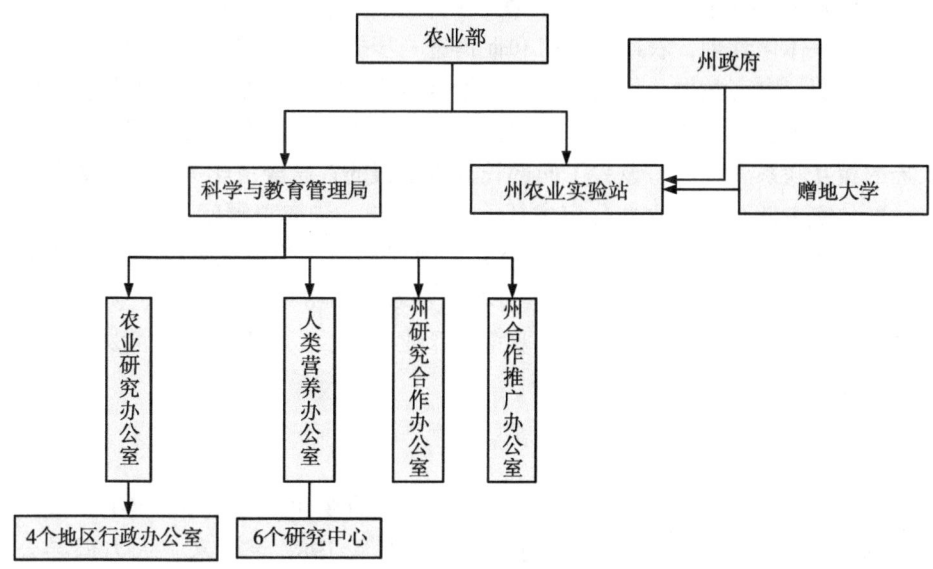

图 5-2　1981 年改革前美国农业科研体系

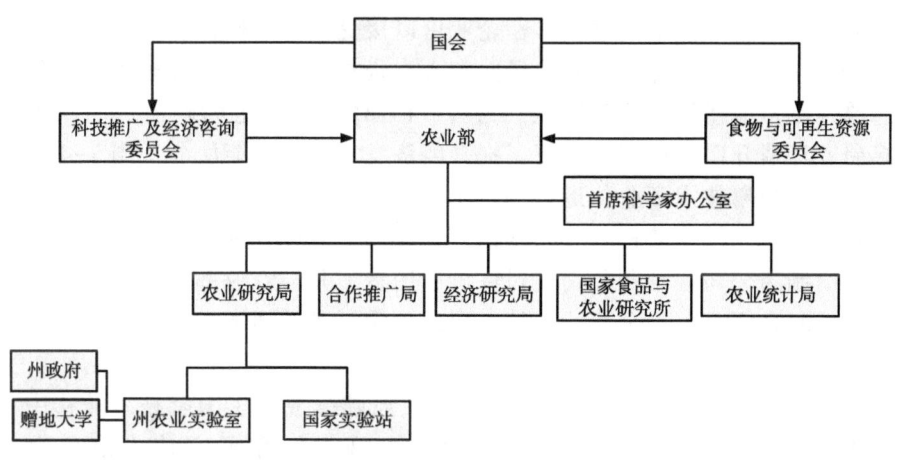

图 5-3　1981 年改革后美国农业科研体系

行动计划；农业研究局机构分为两部分，一部分是从事项目计划、协调和支持的各类办公室，另一部分是设立在 5 大地区的国家实验室；将农业统计事务从经济研究局剥离，成立农业统计局。同时，成立科教推广及经济咨询委员会和食物与可再生资源委员会，委员会对国会负责，对农业部相关职能进行监督。

1994年美国农业部进行了再次改组，其职能范围从农业的产前、产中和产后一体化管理，农产品出口和促销进一步扩大至自然资源保护、食物营养与消费、灾害救助、作物保险、供给链风险管理、农业统计及海外信息收集和分析等。在机构设置上，更加注重计划、监督、协调职能设置与业务司局的相互联系和匹配，设置了向部长直接汇报的首席经济学家、内部事务申诉办公室主任、小企业办公室主任、总检察长、法律总顾问、首席财务官、预算和项目分析办公室主任、国会关系助理秘书、公民权利助理秘书等职位。通过改革，更加强化了其作为农业及农村事务统筹、规划、协调的职能，有利于科技政策与相关产业政策、产业布局、资源配置、社会发展事务相互促进统一。

5.2.2 体制改革

美国农业科技政策变化带动了相关体制的变化。在近30年中，最重要的体制变化就是成果转化机制。美国政府从1987年以来，大力倡导公私部门运用"合作研究和开发协议"（CRADA）开展合作。鼓励私人企业在研究人员、服务、产权等方面贡献于合作，提供科研经费，但同时保护私人部门商业和金融信息，私营企业可以接受独占性授权。企业通过这种途径，获得了政府部门设备、经验和人力资本的使用权，开拓了技术创新思路，更多地接触到前沿研究。另外，CRADA模式也为政府部门获得更多研究经费开辟了渠道，履行了提高经济竞争力的职能使命。图5-4就是以紫杉醇分离技术商业化运行为例的CRADA运作模式图。农业部和国家癌症研究所完成了紫杉醇分离知识研究工作，通过竞标的方式将技术许可拍卖给制药公司，制药公司支付许可使用费，并与农业部开展紫杉醇药物开发的联合研究，这个阶段是技术形成阶段，最后通过大学、试验站及临床试验完成产品开发。

为配合CRADA模式，20世纪美国政府陆续成立了国家技术转移中心（NTTC）、联邦实验室技术转让联合体（FLC）和国家技术信息中心（NTIS）。其中，NTTC主要服务于美国航空航天局（NASA）、能源部（DOE）、联邦小企业局（SBA）机构内技术转移；FLC是全国性技术转移网络组织，FLC拥有成员实验室特许权，不仅为实验室提供技术转移咨询和帮助，还从事研究部门与技术应用部门之间的交流和合作；NTIS负责整合联邦政府、实验室和大学的研究计划、专利、成果和相关信息，为中介机构提供信息查讯服务。这些机构的运营费从转化收益中提取。在这种体制下，

第 5 章 美国农业科技政策变迁及对中国的启示

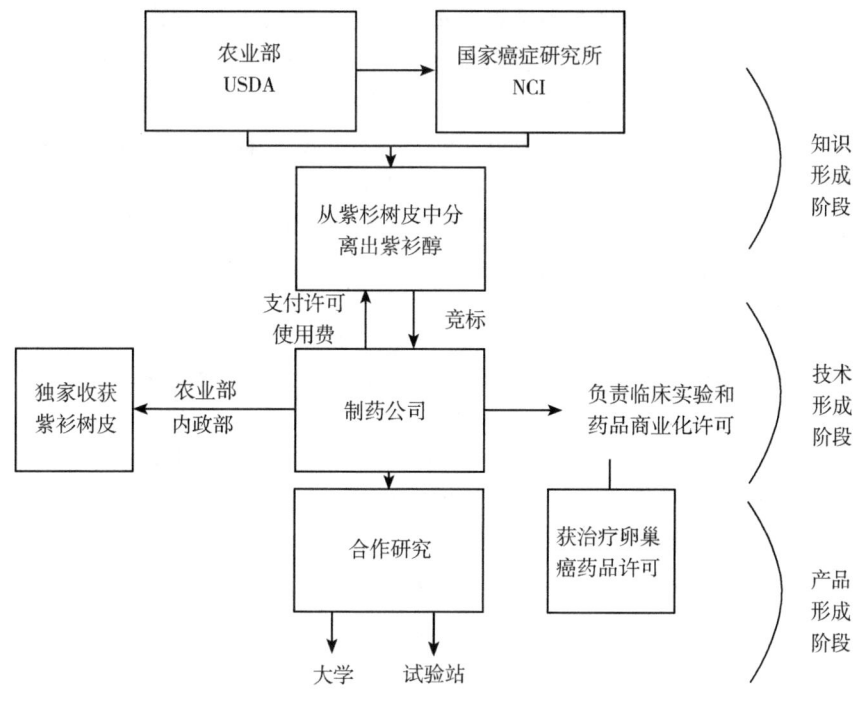

图 5-4 CRADA 运作模式

公私部门的隔阂消除了,在研究领域的新发现通过技术转化平台发布信息,促进前沿科研成果转化为实用技术。

5.2.3 经费改革

美国联邦政府部门是美国农业科研经费的重要支持部门,由于美国历史上未设立科技部,一直采取事权与财权相统一的经费拨付和管理方式。通常,由农业部提出方案并经参众两院审议后向白宫提出预算,联邦政府最终在这三者方案基础上通过预算。农业部在联邦分支 15 个部门的预算中比例较高,目前列第五位,约占联邦总预算的 3.6%(根据 2017 年预算比例计算)。当前,联邦政府有关农业科研(包括经济和战略研究)和教育的预算,主要下达给农业研究局、国家食物与农业研究所、农业经济研究局和国家农业统计局。其中国家食物与农业研究所(NIFA)在 2008 年成立,依据《粮食、保护和能源法案》(2008 年《农业法案》)授权。其主要职责是通过提升和加强农业研究能力来解决粮食可持续生产、气候变化、生物能源以及人类营养等问题。NIFA 的设置的重要目标是加强农业与其他相关领域的科研合作,将以往分布在科学基金会(National Science Foundation,NSF)、国家卫生研究所(National Institutes of Health,NIH)、国家航空航天署(National Aeronautics and Space Administration,NASA)、国家标准与技术研究院(National Institute of Standards and Technology,NIST)等机构的跨学科科研项目进行深入整合,研究的优先序列和金额根据大学研究水平和普查数据制定,着力培育前沿和突破性技术的生产和转化(表5-1)。

表 5-1 农业基础研究、应用研究和技术开发划分

科学(基础)	前技术科学(应用)	技术创新(开发)
化学	土壤物理与化学	农业化学
遗传学	植物与动物遗传学	动植物繁育
生物学	动植物病理学	园艺
微生物学	动植物生理学	农学
动物学	营养学	兽医
物理学	工程学	农业机械
大气科学	气候学	灌溉
数学	计算机	计算机软件开发
经济学	应用经济	农场管理

来源:Huffman and Evenson,1993,pp. 42-43。

从拨款类型上看,政府拨款分为 3 种:有条件的财政补贴、常规性拨款和竞争性拨款。其中,有条件的财政补贴被列为强制性支出项目,主要包括商品信贷资助(CCC)项目和农场项目,这部分款项通过授权法规来控制,即达到法规限定的执行条件时才会有资金支出,而不是对占有者进行直接拨付。常规性项目一般是法案或法规授权的财政预算,在农业拨款中,主要包括对赠地大学研究和推广工作的拨款,州试验站科研经费 [1887 年通过的孵化法案(Hatch Act)授权拨款,根据人口普查中每个州的农场和农村人口来分配拨款],土地赠与机构的林业和兽医项目 [史密斯杠杆法案(Smith-Lever Act)授权拨款] 等项目。这类资金的目标和拨款规模稳定。相比前两类资金,竞争性拨款是通过同行评审筛选程序来确定,项目活动不仅资助基础和应用研究,也包括推广和高等教育活动,以及跨学科联合研究项目。

美国政府预算和拨款制度较为完备，但仍然通过年度拨款法案和听证会的方式持续不断地完善监督和优化资金安排效果。政策制定者对农业科研各种筹资机制的适当作用和影响进行的研究、评估和讨论也不间断地进行。例如2012年，总统科学技术顾问理事会发现以往联邦政府的研究资金太注重应用性，建议将重点转向基础研究（表5-1），同时扩大竞争性的研究资金候选人资格范围，让更多有能力的执行单位和个人参与到农业科研中。同时，研究发现常规性拨款较有条件的财政补贴和竞争性拨款对农业生产率的影响更大，联邦政府在制定预算时继续保障这部分资金的比例。为了配合预算制定，农业部对机构职责和工作重点也进行相应的调整，此外研究机构内部的学科调整、战略布局、合作模式也都相应地更新、探索（表5-2）。

表5-2 美国农业部农业科研部门预算安排

机构	主要职能	工作人员数量	年预算
农业研究局	国家和区域问题的高风险、长期基础研究	5 400名	11.4亿美元薪金和研究经费，2.1亿美元设施建设
国家农业统计局	收集汇编农业相关统计（例如农业普查、作物预测、价格估计等）	1 000名	1.68亿美元
经济研究局	粮食、农业、自然资源管理、农业市场和农村发展相关经济研究和政策分析	365名	8 500万美元
国家食物与农业研究所	领导并资助农业、环境、人类健康和福祉的跨学科、跨部门的研究、推广和教育项目	400名	13.3亿美元
首席科学家办公室	确定农业科研的优先事项，并协调其他四个机构的职能	—	90万美元

来源：美国联邦政府预算（2017）。

5.3 对我国科研政策的反思

5.3.1 科技政策最应该关注什么？由谁来制定？

传统的科学技术观点认为，科学和技术之间的进步具有直接的线性关系，基础科学的进步必然会促进新技术的发展。然而在当前科技发展迅猛、知识爆炸的时代，科学和技术研究逐步形成了两个平行但又相互作用、相互交叉的路径，这两条路径通过现有的科学和技术的汇集而形成，科学和技术发展相互借鉴、相互贡献。可以把科学和技术的创新归纳为四个步骤：第一个步骤是对问题的感知或初级的、不完全的判断；第二个步骤是配置能够解决问题的研究资源；第三个步骤是对问题以及解决问题的方法进行梳理和系统分析；第四个步骤是实施解决方案并加以修订。在这个过程中，科技政策对第二个步骤的影响最大，这个步骤应在对问题清晰识别的基础上，决定是否能在合理的资源条件下，找到解决问题的方法。因此科技政策应该重点关注科研系统内部各个机构的职能分工和定位，并相应地进行预算、绩效和管理体系的安排。同时，科技政策应和农业发展战略、部门协作体系、知识产权政策相匹配，促进整个科研系统的科学导向和面向技术的知识流动。由于美国农场主在国家治理、总统选举、贸易政策、乡村治理等社会事务中具有较强话语权，美国科技政策始终重视农场主的技术需求，从科技政策方向、赠地大学到现今以信息技术为依托的推广体系，都根据农场主的不同需求进行了及时调整，保证了科技政策与技术推广的协调和统一。

5.3.2　协调一致、战略先行是形成科学决策体系的关键

从美国农业科技政策的变迁来看，每个阶段的政策变迁思路清晰、重点明确。相应地机构、体制和经费改革也进行了调整，形成了上下一致，完整的决策、战略、措施完善的政策体系，确保了政策目标实现。在决策层面，由总统担任国家科学技术委员会主席，协调研究领域的重大战略和跨部门工作组。组成了以总统科技顾问委员会（PCAST）、国家科学技术政策办公室（OSTP）、国家研究理事会（NRC）、国家科学院（NAS）、农业部经济研究局（ERS）等部门为主的战略咨询机构，定期发布专业领域或综合性技术发展规划、战略规划及政策评价报告。这些咨询机构为归口部门管理和国会审议重大项目安排、战略部署、机构调整和预算提供了科学的决策依据。在主管部门（农业部）内，设立了分别负责自然资源与环境、农场和海外农业服务、农村发展、食品营养和消费者服务、食品安全、研究教育与经济、营销和监管七个任务领域的副部长职位和首席科学家办公室，统筹制定农业科研和战略，同时协调跨部门和政府与私人企业合作。在政策实施层面，国会根据《政府绩效与结果法案》（GPRA，1993）监督各部门和机构制定五年战略计划，并审查以结果导向的目标完成情况和年度业绩报告。

5.3.3 如何平衡技术供给与扩散的关系

与美国20世纪80年代促进技术转移的政策供给相比，我国相关的政策供给并没有缺失，差别在于政策和改革的组合作用。1980年美国陆续出台的促进技术创新和转移的法案，从促进联邦实验室技术成果转移（Stevenson-Wydler technology innovation Act）到大学与小企业合作（Small business innovation development Act），再到国家合作研究法。可以看做是从被动的允许和促进政府部门资助的研究成果转化到私人部门主动参与政府部门科研的转变，实现了从"科研有选择性地满足技术需求"到"基于技术需求方向的科研"的转变。此外，美国建立了完整的技术转移法律体系，加强了知识产权保护，允许独占性技术转让，放松了反垄断法规。同时，在政府部门内部进行相应的机构改革，建立国家级技术转移机构，在农业部门设置技术转移职能部门，研究开发预算的一半用于农业技术的扩散与推广，形成了政策和改革的"组合拳"。一系列的改革有效平衡了技术供给和扩散，区分了竞争前研究和竞争研究，增强了技术拥有者控制其无形资产的能力，也为参与创新的利益相关者获得了更多的合作机会。

5.3.4 自上而下的制度设计与自下而上的模式创新相结合

从美国公私部门合作研发模式看，公私合作研发是政府与私人部门通过"契约机制"或"共同利益机制"明确公、私各方的具体权利和义务，共享双方拥有的技术、人才、物质等资源，提高科研效率。政府作为公共利益和福利的管理者，从国家战略的角度和宏观经济潜能的角度安排基础性科研规划和任务，私人企业对产业经济、微观经济体、市场信息和趋势优势，两者作为科研的上下游主体，各自生产知识和产品，在技术生产的层面实现对接。

公私部门合作研发的过程是一个多主体、多目标、多创新策略组合的路径优化过程。私人企业、高校与科研机构三个主体在科技创新中，分别根据自身的目标和创新机制，建立不同的目标路径，并不断完善与优化，提高目标效用。中国公私部门科研合作是合作内容、科研资源、契约和利益的统一，然而在实际合作过程由于科研工作的综合性、不确定性、复杂性，以及双方拥有资源的变化，合作的组织基础和模式也会随之调整。作为公私部门合作机制和相关政策的推动者，政府要完善相关知识产权、成果转化政策，注重自上而下的制度设计，为科研方向掌舵；同时也要给私人部门自下而上模式创新的空间。

第6章　农户技术服务供需调查

2010年至2020年，我国果园面积保持在1.6亿~1.7亿亩，水果产量以1~2年增长1 000万吨的水平递增，2019年中国水果总产量27 400.8万吨。由于水果产业成本利润率普遍高于大宗农产品，成为多地扶贫攻坚主导产业，产能潜力持续开发，总体供给充足、宽松，生产者价格弱势运行。除个别优势产区外，地头收购价格在最近3~5年未有上涨，市场竞争激烈，果农利润空间不断被压缩。同时，水果供给更加多样化，国外特色水果和热带水果进口量增加，与我国水果产季存在明显时间差，水果消费选择增多。在不同品种水果消费偏好、季节、水果品质、供需关系等影响下，水果价格差异和波动已成常态。在当前供需形势下，大宗水果苹果、梨、桃产业竞争更加激烈，竞争优势下降明显。例如，在酥梨主产县山西省临猗县，每千克梨毛利润仅为0.2~0.4元，且劳动强度较高，果农种植意愿不高，甚至出现成年梨树无人管理现象。苹果、梨、桃各产区收益差距扩大，非优势产区面临产业调整。

果业发展面临资源和市场的双重约束，果业生产目标由追求产量向产量、质量和效益并重转变，果业发展的新形势主要表现在以下几个方面。首先，果树化肥农药"双减"综合技术研发布局和实施正在加紧进行，亟待丰富和完善产学研无缝对接的可复制、可推广机制和模式。2015年农业部正式对外印发《到2020年化肥使用量零增长行动方案》，2016年开始实施"化肥和农药减施增效综合技术研发"试点专项，重点突破减施途径、创新减施产品与技术装备。目前，"两减"技术控制机理、新型肥料和农药研发的基础研究已经取得了进展，初步建立了研发技术体系，并开展了技术示范。但以上政策和措施对小农户的辐射作用有多大？对于我国分散、小规模的农业经营方式，应采取何种推广模式才能提高农户采纳效率？这些问题还有待进一步研究。其次，水果生产模式变化，果农分化，加速了小规模果业经营的兼业化、老龄化、粗放化。2017年农业农村部组织实施农业生产社会化服务项目，支持农业生产托管发展，加快培育多元化服务组织，把小农户引入现代农业发展大格局，有力推动了服务规模经营和农业绿色发展。2019年陕西省开展了苹果、猕猴桃的托管服务试点，有针对性地开展布局建园、土壤改良、标准化栽植、统防统治、质量认证、产品溯源、收储加工等托管服务，创新出多种形式的"托管+互联网销售"的模式，通过技术支撑的托管服务实现了标准化生产。生产托管是否可以替代现有技术推广体系，实现作业、设备（产品）和技术结合，联结科研院所、农业企业、农村土专家和小农户形成技术集成和创新合力，还有待进一步观察实践。最后，果业生产人工成本占比不断攀升，例如苹果人工成本占生产成本比例从2010年47.6%上升至2018年66.9%。农村劳动力不仅总量下降，且知识水平和素质处于弱势。果业生产劳动强度高，市场竞争推动品种更替加快，亟须提高技术实施轻简化和技术服务精准化水平，才能确保技术被果农接受采纳。

6.1 调研方案设计

针对果业发展面临的新形势，本调研方案设计目标如下：一是，调研果农获得技术服务的渠道、方式、内容、服务频次等特点，对当前果农技术服务的整体形势进行研判。二是，在技术分类的基础上，摸清果农对不同类型技术的需求情况，并对已经获得的技术服务效果进行定性判断。三是，开展技术供给方调查，对其技术服务能力、内容、服务方式进行特征总结。四是，对果农和技术服务供给方对不同类型技术节本增效情况看法进行对比分析，并结合调研访谈分析原因。五是，综合以上调研，对果树技术供需应采取的服务方式、技术内容、推广机制和模式等提出政策建议。

课题组分别设计了果农和技术服务组织调研问卷。果农调研问卷分为5部分，包括农户特征、种植情况、技术来源和采纳情况、生产投入情况、托管服务情况。技术服务组织调研问卷分为3部分，服务模式和运行状况、服务效果、技术难点判断。为保证问卷质量，课题组采取线下调研访谈和线上问卷填写相结合的方式，并在问卷设计和调研阶段组织课题组成员就问卷结构和逻辑、问题含义与边界，以及调研技巧进行多轮讨论。为保证问卷的代表性，调查省份选择包括苹果、梨、桃主产省陕西、河南、山东、陕西、甘肃、辽宁、云南、河北、安徽、北京，非主产省江苏、浙江、福建、四川，共14个省（直辖市），分布在我国中、东、西部地区（表6-1、表6-2）。

表6-1 果农问卷样本数量及结构分布

项目	安徽	北京	福建	甘肃	河北	河南	江苏	辽宁	山东	山西	陕西	四川	云南	浙江	合计
频数	4	28	4	13	47	142	49	18	39	64	237	13	4	13	675
占比（%）	0.59	4.15	0.59	1.93	6.96	21.19	7.26	2.81	5.78	9.48	34.81	1.93	0.59	1.93	100

表 6-2 服务组织问卷样本数量及结构分布

项目	安徽	北京	福建	甘肃	河北	河南	江苏	辽宁	山东	山西	陕西	四川	云南	浙江	合计
频数	18	2	6	6	9	58	9	19	136	30	83	4	12	17	409
占比（%）	4.40	0.49	1.47	1.47	2.20	14.18	2.20	4.65	33.25	7.33	20.29	0.98	2.93	4.16	100

6.2 农户样本基本特征

户主年龄按照31~40岁、41~50岁、51~60岁、61~70岁、71岁以上5个年龄段划分，占比分别为21.2%、37.6%、34.8%、6.0%、0.4%。户主受教育程度初中水平占比最高为42.8%，其次为高中或中专程度占34.5%，大专以上文化程度占14.7%。从户主种植果树时间来看，10年以上种植经历的果农占59.9%，其中种植20年以上的果农占27.6%，种植3~9年的果农占32.0%，而种植3年以内的果农仅有8.1%。大多数果农对自己的种植技术水平较为自信，有20.9%的果农认为自己非常有经验，认为自己是当地果树种植带头人，47.1%认为自己的技术水平在当地属于中上等水平。只有28.9%的果农认为自己的技术水平一般，仅有3.1%的果农认为自己的技术水平较差，这种自信与自身文化水平和从事种植时间高度相关。从表6-3可以看出初中及以下学历果农大多数把自己归为"中上等"和"一般"技术水平。同时，依据种植经验的认同感更为强烈，表6-4中有20年以上种植经历的农户中，三分之一认为自己是当地果树种植带头人，只有不到20%的果农认为自己的技术水平"一般"或"较差"。

表 6-3 不同学历水平果农自我认同统计

学历	非常有经验，是当地果树种植带头人	技术水平在当地属于中上等水平	技术水平一般	技术水平较差	合计
初中及以下	65	157	111	11	344
高中或中专	57	114	56	4	231
大专以上	19	47	28	6	100

表 6-4 不同种植经验果农自我认同统计

从事种植时间	非常有经验，是当地果树种植带头人	技术水平在当地属于中上等水平	技术水平一般	技术水平较差	合计
入行 3 年以内	8	15	23	9	55
3~9 年	31	95	81	8	215
10~19 年	40	121	56	2	219
20 年以上	62	87	35	2	186

调查显示，每户平均种植规模为 27.6 亩，其中苹果平均面积为 15.91 亩、梨为 13.67 亩、桃为 26.46 亩，约 26.7%的农户种植两种以上果树。这个数据较 2016 年陕西、山东和甘肃的苹果种植规模调研数据更高（马兴栋、霍学喜，2019），三个省份平均经营面积分别为 10.01 亩/户、13.40 亩/户和 10.77 亩/户，说明果树种植的规模化程度有所提升（表 6-5）。

表 6-5 种植规模

项目	苹果	梨	桃	平均规模
样本量（个）	495	246	279	675
平均规模（亩）	15.91	13.67	26.46	27.6
最大规模	560	400	500	570

果树种植在农户总收入中占比与其种植规模呈反向关联。种植规模 5 亩以下的农户中，水果种植收入占总收入 50%的为 52.6%，占总收入 50%~90%的有 35.3%。种植规模 5 亩以下的农户中，占总收入 90%以上的为 45.3%，占总收入 50%~90%的有 41.6%（图 6-1）。

6.3 果农技术需求和获得情况

果农技术需求：学习意愿、可获得的学习资源以及技术应用的影响因素复杂。目前，果树生产标准化程度低，果品质量不高，生产成本居高不下，农药化肥不合理及过量使用，果业绿色发展难度加大，产业化、组织化程度有待提高等问题已成为水果产业公认的发展瓶颈。针对以上问题，本课题组将农户面临的技术和生产难点分为 6 类，包括：买不到或选不到好品种，买不到或选不到合适的肥料和农药，不知道怎样施肥，提高优质果比例难度

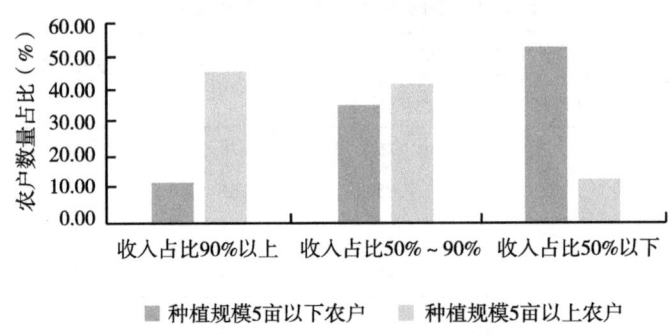

图 6-1　不同规模果农水果种植收入占比

大,病虫害防治问题不好解决,劳动强度大。种植规模越大的农户,对问题难度的赋值越高。种植规模大的农户认为劳动强度大、病虫害防治和选择合适的肥料和农药是面临的最大难题,种植规模较小的农户认为劳动强度大、提高优质果比例、如何施肥是主要的三大难题(图 6-2)。

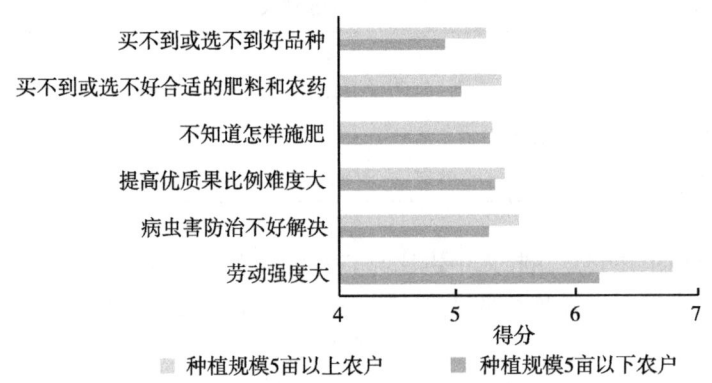

图 6-2　不同规模果农对种植难点的判断

具体到技术改进方案,可以分为 11 类,包括:有机肥使用或替代,肥料高效利用,菌肥、缓释肥等新产品使用,生物或物理防治减少用药次数,肥水一体化,农药高效利用,新品种替代,果树整形修剪,老果园改造,定植和种植规划,果园机械化提升。根据 0~11 赋值打分结果,不同种植规模的果农最想学的技术和近 3 年学到的技术不完全一致。小规模种植农户最想学到的赋值最高的 3 项技术为:定植和种植规划、老果园改造、果树整形修剪,他们近 3 年学到的技术排名前 3 位的是:果园机械化提升、老果园改造、定植和种植规划,有两项技术实现了需求匹配。较大规模种植农户最想学到的赋值最高的3项技术与小规模种植农户相同，他们近3年学到的技术排名前3位的是：新品种替代、老果园改造、果园机械化提升（图6-3、图6-4）。

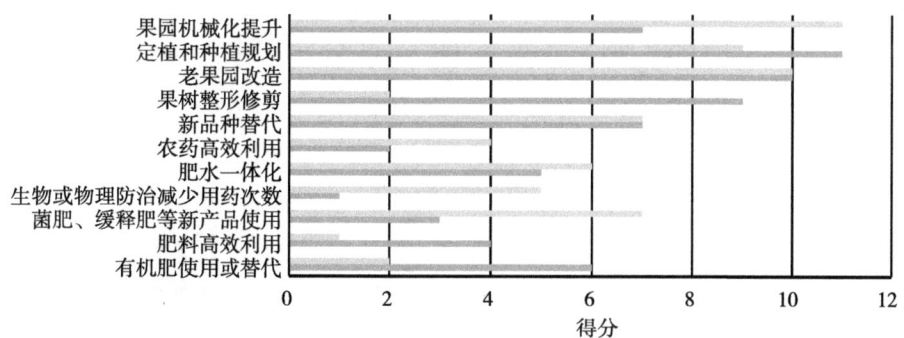

图6-3 小规模果农技术需求与获得情况

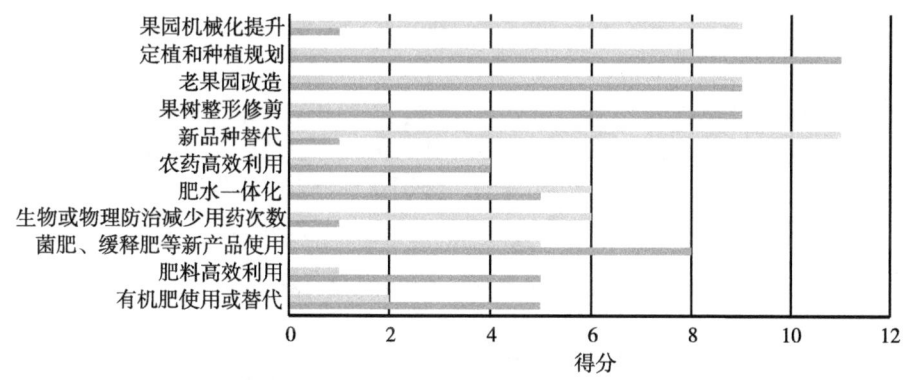

图6-4 较大规模果农技术需求与获得情况

种植规模较大的果农采纳技术比例明显高于小规模果农，对于学到的前3项技术，种植规模较大的果农将技术大规模应用到生产中的比例分别为41.86%、35.24%、29.52%（图6-5），而小规模果农将技术大规模应用的比例仅为36.21%、26.72%、25.00%（图6-6）。同时，对于不同种植规模的果农，采取先小规模试用的比例在4种采纳行为中的比例都是最高的，说明果农有开展技术学习和使用的强烈动力，更相信通过自己的实践来验证技术效果，并根据自己的种植情况摸索实施技术的具体方法。

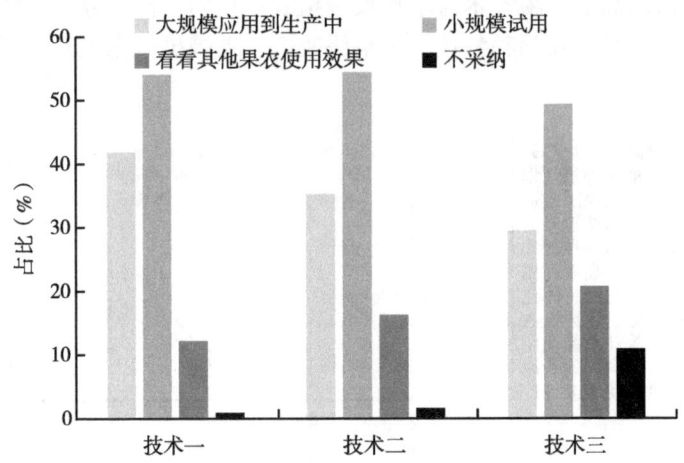

图 6-5　较大规模果农技术采纳比例

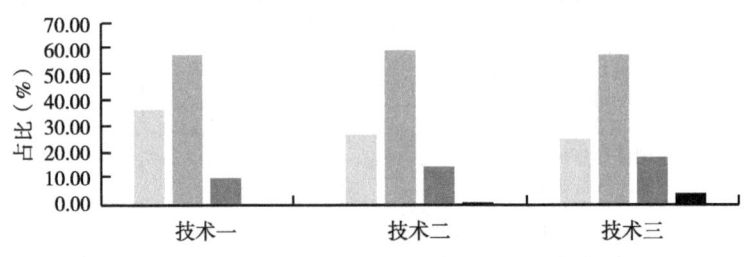

图 6-6　小规模果农技术采纳比例

果农技术来源：技术来源丰富，以基层网络为基础。果农对技术来源的赋值，最高为"自己摸索学习"，其次为"农技推广部门""村里能人""合作社"，相比之下，"科研院所"的赋值最低。这与前一部分果农技术采纳的结果得到了相互印证。果农对技术的定义，更多的是学到会用并且真正实施的技术，需要通过自己的小规模实验和摸索，才算完成了真正的技术采纳和实施。因此，通过自己摸索学习仍是果农最主要技术来源渠道（图6-7）。

对于农资的选择和购买，绝大部分果农仍然是根据自己的经验从市场选择，听取私人企业推销建议的比例最小。小规模果农中有 29.3% 的农户依据技术服务单位的建议（图 6-8）。

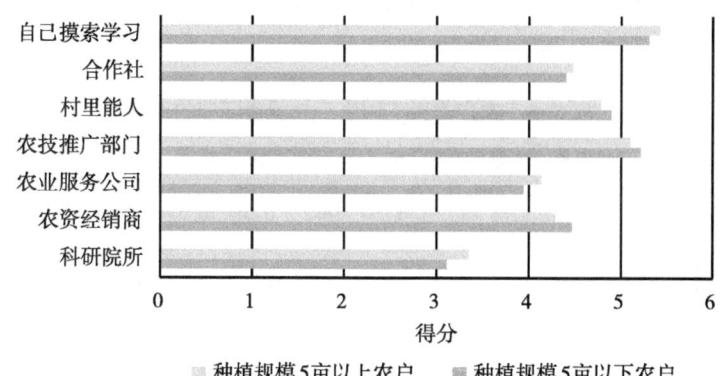

图 6-7　不同规模果农技术来源情况

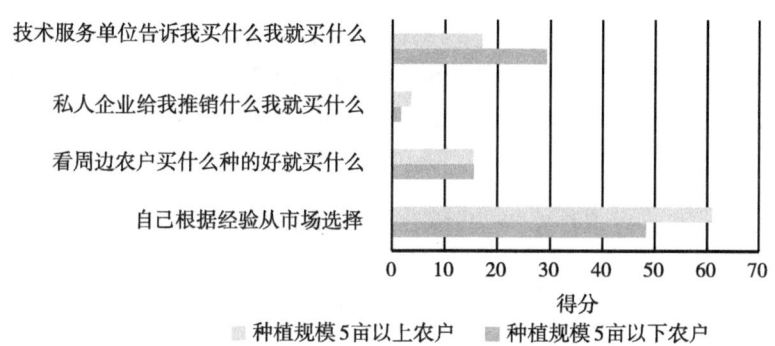

图 6-8　不同规模果农农资购买决策情况

果业生产性服务：有效缓解了高强度生产环节劳动力不足，整体发展水平仍处于起步阶段。2019年陕西省开展了苹果、猕猴桃的托管服务试点，将果业生产性服务正式纳入农业生产补贴，重点支持已有一定服务规模、已覆盖多个产业链环节、已有较为健全的基层服务机构和团队的服务组织。近年，由于农业劳动力数量和质量逐步下降，果业生产性服务需求增加，果业生产地区都形成了以农业合作社、服务公司和农资经销商为主体的生产性服务供给体系，有利于果业适应产业结构调整和全产业链发展趋势。调查显示，生产规模越大的农户，对生产性社会化服务的需求越强烈，特别对于套袋、摘袋、采收、分拣这类劳动强度较高的生产环节，种植规模5亩以上的农户购买生产托管服务的比例较高。由于种植规模较大的农户的整体技术水平高于小规模种植农户，对于"修剪"这种具有一定技术水平但劳动强度中等的生产环节，不同生产规模果农购买修剪托管服务的比例接近（表6-6）。

表6-6 农户购买不同生产性服务环节的比例 单位:%

环节	定植	修剪	疏花	疏果	套袋	浇水	施肥	打药	摘袋	采收	分拣
种植规模5亩以下农户	5.2	21.6	12.9	15.9	36.2	6.0	10.3	10.3	22.4	20.7	21.6
种植规模5亩以上农户	14.0	23.1	33.5	39.2	56.7	11.8	20.8	14.5	43.3	44.2	51.0

从托管原因的统计结果来看，果农购买生产性社会化服务主要的原因是家里劳动力不足。只有小部分种植规模较小的农户选择托管的原因是缺乏技术，或认识到交给托管来干比自己干的效果好、更划算（表6-7）。根据农业农村部数据，2020年农业生产托管已达1.6亿亩次，主要集中在粮食作物，约占托管服务面积的60%。由于果业生产环节多、技术复杂，同时受果园基础条件等影响，果业机械化生产、病虫害统防统治和施肥作业的推广速度大大低于大田作物。

表6-7 农户购买生产性社会化服务的比例 单位:%

托管原因	家里劳动力不足	技术水平缺乏	缺乏设备	托管价格便宜，比自己干划算	托管比自己干的效果好	其他
种植规模5亩以下农户	66.4	8.6	3.4	6.9	3.4	11.2
种植规模5亩以上农户	74.4	4.5	2.3	3.4	8.6	6.8

6.4 生产性服务机构情况

受"双减"措施和农业高质量发展的影响，农资市场产能过剩和产品同质化问题更加突出，倒逼经销商（生产商）转型为综合服务商。在市场需求的刺激下，农民合作社扩大了生产性服务范围，目前全国专门从事服务业的农民合作社仅有13.9万家，占比6.4%。这两类组织熟悉当地农村生产模式、种养结构、资源禀赋情况，了解农户需求。他们对农业产业有感情，有基层人脉网络，能够紧跟市场，但由于整体实力和技术力量薄弱，主要从事规模化作业托管服务和农资销售服务,托管作业环节主要集中在统防统治、配方施肥、农资配送、农机作业等与农资销售结合紧密、市场程度高的环节。针对果业技术服务机构的情况,我们重点调查非公部门的技术服务情况,按照农资经销商、农业服务公司和合作社三类性质,由技术服务机构填写本机构的性质、主营业务和服务方式等内容。从服务供给方对"双减"措施和其他相关技术服务的实施情况和角度,获得更为全面、客观的基层情况(表6-8)。

表6-8 技术服务组织自我属性判断

机构性质	农资经销商	农业服务公司	合作社
样本量	154	97	158
占比(%)	37.7	23.7	38.6

非公部门的技术服务组织对本机构属性判断合作社的比例最高,为38.6%,农业服务公司的比例最低,为23.7%。为了识别技术服务组织自我属性判断的偏差,问卷对各类服务组织的主营业务开展了调查。农资经销商开展投入品销售的选择比例最高,农业服务公司开展技术推广与服务的比例最高,合作社开展果品收购与销售、生产性服务、技术推广与服务的比例较高,调查结果与三类机构定位基本一致(表6-9)。

表6-9 技术服务组织开展主要服务的比例　　　　　　　　单位:%

	技术推广与服务	肥料销售	农药销售	果品收购与销售	农业生产性服务	其他
农资经销商	63.0	81.2	90.9	13.0	6.5	6.5
农业服务公司	89.7	10.3	10.3	19.6	33.0	8.2
合作社	68.4	27.2	21.5	55.1	40.5	17.1

就具体服务内容来看,农资经销商主营业务是肥料、农药产品推广和销售,利用物化技术成果开展的服务,开展肥水一体化、生物和物理防治、果树整形修剪、果园改造等非物化生产性服务的比例较低。农业服务公司则同时开展了非物化和物化生产性服务相结合的技术服务和作业托管。农业合作社主营业务特征与农业服务公司类似,开展果树整修修剪、有机肥使用和替代两项生产性服务的比例较高。三类组织在品种、化肥、农药和线上平台相关研发业务方面的参与度较低,农业服务公司和农业合作社都开展了果品质

量提升综合方案研发,而农资经销商参与度较低(表6-10)。

表6-10 农户购买生产性社会化服务的比例　　　　　　　单位:%

项目	农资经销商	农业服务公司	合作社
有机肥使用或替代	51.9	57.7	63.3
肥料高效利用	63.0	49.5	44.3
肥料新产品使用	61.7	38.1	40.5
通过生物或物理防治减少用药次数	46.1	59.8	45.6
肥水一体化	34.4	57.7	51.3
农药筛选和高效利用	61.7	45.4	34.2
新品种替代	20.8	43.3	37.3
果树整形修剪	31.8	68.0	80.4
老果园改造	16.9	47.4	41.1
定植和种植规划	12.3	43.3	41.8
果园机械化提升	13.0	40.2	34.8
抗病品种研发	4.5	11.3	10.1
化肥品种研发	3.2	3.1	3.8
农药产品研发	3.9	5.2	4.4
果品质量提升综合方案研发	14.9	37.1	32.3
线上平台研发	1.9	3.1	7.0

从生产性服务方式来看,示范教学、授课培训和发"明白纸"教授操作规程仍是主要服务方式,这三种方式对果农来说更加直观易学(图6-9)。通过线上指导的新型服务方式在三类机构中都有实践,其中农业服务公司通过线上指导的比例较高,为36.1%。根据服务组织对果业种植收益难点的判断,选择提升种植机械化水平或将劳动强度大的生产环节托管的比例最高,与果农判断一致。选择比例较高的还有:单项技术没有形成体系,需要根据当地情况摸索出一套可行的操作方案,以及农资市场参差不齐,果农需要专业机构指导买到性价比适中的苗木、农药、化肥等投入品。这两个选项基本与果农技术需求中选择的"买不好选不好化肥、农药和品种"的判断相一致。选择果农技术无法满足种植需要、种植面积扩大就能提高收益,以及当地自然条件不适合果树生长的因素较低。整体来看,服务组织更倾向于依靠技术和机械替代提高种植收益(表6-11)。

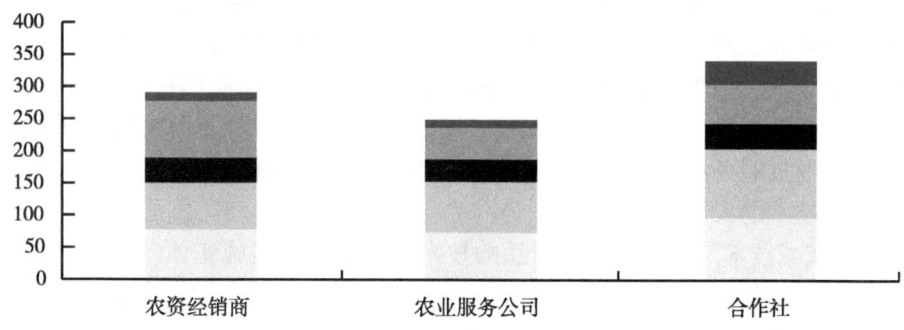

图 6-9　不同服务组织服务方式

表 6-11　服务组织对果业种植收益难点的判断

提高种植收益的难点	选择比例（%）
技术使用成本高或劳动强度大，导致农民不想用新技术	40.3
单项技术没有形成体系，需要根据当地情况摸索出一套可行的操作方案	43.8
人口外流造成当地劳动力缺乏，亟须提升种植机械化水平或将劳动强度大的生产环节托管	57.9
果树种植技术要求高，果农需要有外部技术指导或将技术要求高的生产环节托管	31.5
农资市场参差不齐，果农需要专业机构指导买到性价比适中的苗木、农药、化肥等投入品	42.5
农户种植面积小，扩大面积就能提高种植收益	26.9
从降雨量、土壤肥力和气候条件来看，当地不适合果树生长，人工干预成本高	9.5

6.5　小结

本课题组的调研和访谈表明，果农对"双减技术"的理解不仅是减量，而是在保证施肥施药效率的前提下，降低化肥农药的投入成本。"双减"技术具有外部性、全局性和战略性的特点，果农实施"双减"技术在不同地区的实施成本、技术效果、节本增效情况等方面有很强的差异性。导致技术供给方与适用方无法形成从知识到创新转化过程的多重信息反馈机制，科学和技术之间的双向关系没有建立起来，容易出现路径依赖、自我维持的情况。因此，双减技术是否能广泛推广，不仅取决于化学肥料、农药减量控制机理的研究进展，还取决于施肥（药）技术与智能装备研发以及技术集成研究和示范，是否能够依据区域自然气候特征、果园基础条件、栽培方式和经营目标等技术筛选、改进和集成，形成针对性强、简单易行的双减技术方案，并通过服务组织简化为周年营养套餐或全生育期解决方案，最终实现果业双减技术的大面积应用。

"双减技术"推广应找到合适的技术和作业服务实施实体。分散化、小规模生产仍是中国农业生产的现状，农户对新技术的信息搜寻成本与转换成本较高，不管是实用理性还是制度理性的小规模农户，在技术更替的过渡阶段，更趋向选择旧技术，这与工业经济中对技术转换的经济分析一致。由于果树生产服务环节复杂，对技术水平要求高，许多果树生产性服务主体已与科研院所建立了技术服务与合作关系。果树生产性服务有助于推动科研院校与服务主体共建研发中心、集成示范基地等，建立联合开发和转化技术成果机制。生产性服务为构建公共科研部门和私人部门科技创新的内在机制，强化合作意识、战略规划以及合作伙伴信息相互公开和了解，增加公私部门合作的主动性和目标一致性，提供了一个广阔而现实的平台。同时，这种合作效果让农民看得见、摸得着，实实在在，有利于长效技术、非物化技术的推广和实践。

明确"双减技术"推广目标，是让果农"用"技术，依靠技术获得收益。针对当前果农年龄大、文化水平较低的现实情况，果树双减技术推广可以采取培训、教授技术原理、示范、线上指导等各类方式，重点抓好果农技术带头人的培训和能力建设，形成以果农技术带头人为核心的基层技术传播队伍，让他们先尝到双减提质增效的甜头，再逐步推广到小规模种植户。对于学习能力有限的农户，更加关注怎么让果农"用"技术，依靠技术获得收益，并不一定要先"学会"技术。还可以结合一村一品、一县一业等规划和扶持政策，开展相关技术与作业集成实施，扶持具有地域特色水果品种和产业的发展。通过"双减"技术和其他技术集成，从供给侧和生产端要效益，推动差异化竞争和高质量发展，果农才有动力用技术、学技术。

第 7 章　基于数字技术的社会化服务案例

农业技术推广是实现科技进步的重要措施，是实现农户层面技术进步的第一驱动力。对于农技推广服务体系的发展方向，以往的研究结论较为一致。第一，由于农业技术推广服务具有准公共物品和外部性特征，所以既不能采取单一的公共部门供给模式，也不能完全交给市场化的涉农企业或服务机构来运作。第二，推广体系作为科研创新的终端环节，需要与其上游环节进行对接，形成基础研发、技术开发、成果转化、技术扩散完整链条，通过法律、信用等关系规范促进不同推广主体的柔性互动，提高科研与生产、要素与技术的匹配和不同技术整合应用。第三，农业技术扩散的规律显示，新技术推广初期采纳率低，然后逐步提高，最终被下一代新技术替代。技术推广既是技术传播过程，也是农民思想和行为发生变化的过程，技术推广效果和推广组织效率有关，也与受众个体的素质和外部条件相关。第四，推广多元化组织可以解决政府财政投入不足的问题，却不利于遏制负外部性，水土保持、生物多样性等问题突出且持续恶化，我国农业推广多元主体的良性竞争市场环境尚未建立。

基于以上共识，针对公共部门农业推广和服务的市场化改革在发展中国家开始广泛实践。我国作为拥有世界最大的公共农业推广体系的国家，在2006年《关于深化改革加强基层农业技术推广体系建设的意见》（国发〔2006〕30号）和2011年《关于分类推进事业单位改革的指导意见》（中发〔2011〕5号）两次改革后，农技推广体系经费条件有所改善，但仍处于"有钱养兵、无钱打仗"的境地。农技推广行政化、乡镇农技推广部门弱化、新技术示范严重不足、技术培训要向农民付费、非专业人员比例过高等低效率、非市场化现象等老问题甚至有加重趋势（胡瑞法等，2019）。同时涉农企业、农业合作社、科研机构等多元主体开展的市场化技术推广服务规模和领域日益扩大，但农业技术供给与需求无法形成有效匹配的问题依旧存在。各推广服务主体利益需求、发展目标和技术条件的差异，尚未建立以利益驱动、技术带动、市场拉动为合作动力的推广服务机制。例如，科研院所开展技术推广服务目标是加强科技成果的基础研究和应用研究，开展成果中试，提高科技成果转化率（高启杰等，2015），对技术的实施成本和条件、劳动力强度、产品市场等关注度不高。由于潜在技术和新市场的试验与探索等活动有不确定性和风险，私人部门若无法确保可以通过投入品、技术咨询、产品收购等渠道获得投资回报，则不会开展新技术试验示范活动。农户分化形成了现代化职业农户、纯农户、兼业农户以及非农化农户，他们在生产投资、劳动力用工、风险偏好等方面存在差异，定制化、精准化和全生育期技术推广和作业托管服务需求快速增长。

近年，我国农业社会化服务业发展迅猛，服务主体把农户需求作为基本原则，开展技术支持下的投入品决策，解决农户在机械替代人工、生产投入品筛选、生产联合与合作、提升组织化程度等方面的实际问题，尝试优化农业生产方式，尤其对生产成本增加、品质提升、劳动强度降低、自然灾害应对和病虫害防控方面有较好的回应。在理论和政策层面，这些实践归纳为社会化服务大类的"生产性服务"或"生产托管"。笔者发现，社会化服务兴起可以让农民快速了解新技术和新产品，但不是从以往的技术培训入手，而是通过生产作业服务获得技术和要素配置优化带来收益。社会化服务更加强调技术推广的"知行合一"，即技术要与生产作业匹配，通过大数据技术和现代公司化管理，建立参与生产的各利益相关者直接链接，构建起一种将产业链和价值链治理融入技术推广的体系治理。这种服务不仅限于生产节本增效，它们正在成为推动农业技术进步的一种新实践，成为立足于我国当下农业收益低、劳动力老龄化、小农技术获取困境，破解科技与经济紧密结合的创新路径。本文以技术价值和增量收益两个维度作为切入点，以社会化服务中具有代表性的定制化、精准化和全生育期的技术与作业服务为例，呈现这一新的探索，阐述其主要特征和理论内涵，为探讨如何解决农技推广的"政府失灵"和负外部性问题解决提供一种思路，并对中央关于小农户与现代农业有机衔接的重要思想进行实践具体化和理论深化。

7.1 农业生产托管的增量收益

农业产业整体附加值较小，保值增值效益较低，我国主要粮食和经济作物生产净利润、收益率均处于较低水平，小农户生产处于独立、分散状态。农产品价格下行趋势和自然灾害的不可预期也在一定程度上打击了小农户对农业先进技术的兴趣和对农业生产投入的热情。通过土地流转、生产托管和互助的农业要素使用方式、供给方式、交易方式组合构成的不同要素配置方式，与农户自耕种的方式进行方案比选，形成"增量收益"。本文使用"增量收益"的概念，目的是区别于以往农户技术进步和要素配置优化的节本增效，强调生产方式转变后的收益。增量收益的比选在没有新型经营主体和服务主体时，缺乏参照指标，理论上的"农户生产前沿面"是现实中的

"种田能手",这种差异可能因劳动力禀赋、土地质量和规模等外部因素被忽略。随着农业社会化分工加深,农民可以精确地比较生产中各环节和不同投入品的成本差异,通过劳动力成本配置到非农领域的收入增加来衡量自雇佣劳动力的机会成本,还可以大致地估算产出增加或品质提高的增加收益。收益"增量"也与本章中另一条主线技术价值相辅相成,强调其是要素和技术改进后的收益,社会化服务中农户获得"购买服务"和"因服务而获利"的体验,加深了其对"增量收益"的理解。

具体来说,生产方式转变形成的增量收益主要来自以下几个方面:首先是机械替代人工作业,降低了人工成本,虽然许多地区农民自雇佣成本并没有转变为非农就业收入,但当前农业劳动力老龄化严重,老龄农民无法承担深耕、播种、收割等重体力劳动,机械化弥补了劳动力不足,提高了劳动生产率。其次是降低生产投入品成本,提高化肥、农药使用效率,通过筛选性价比较高的投入品、集中采购,借助测土配方施肥、无人机统防统治等技术手段,优化生产要素配置。无论是通过社会化服务实现的服务规模经营,还是通过土地流转、租赁实现的生产规模经营,规模化的红利都较为可观。同时这两种生产方式以一定质量的产量为合约条件,化肥、农药等投入品使用以适量高效为原则,提升了标准化生产水平,为产品质量背书,增强了生产端提高质量的动力。

为考量"增量收益"在农户生产成本中占比情况,笔者在 2020 年、2021 年开展了农业社会化服务粮食作物生产成本调查。调研发现:若采用全程生产托管,籼稻和粳稻可以节约 30% 的劳动力成本,小麦和玉米节约 50% 劳动力成本。考虑到农户自耕种的劳动力成本为沉没成本,并没有转化为现金收益,这部分劳动力成本按照产前、产中、产后和其他环节分摊比例①,并扣除支付生产托管服务费用后,农户节约的物质费用、人工费用、产出和其他收益增加所获得的增值收益如表 7-1 所示。2021 年农户若采用生产托管较自耕种获得籼稻、粳稻、小麦和玉米增值收益分别为 231.8 元/亩、287.3 元/亩、187.3 元/亩、165.4 元/亩,占生产成本(除去土地成本)比例为 23.2%、28.5%、23.1% 和 20.3%(表 7-1)。

---

① 由于家庭自雇佣劳动力数据无法获得,根据生产托管的工作量节约情况,按照各生产环节劳动力分摊比例(籼稻和粳稻按照产前、产中、产后和其他分摊比例为 50%、16.7%、26.7%、6.7%,小麦和玉米按照产前、产中、产后和其他分摊比例为 40%、20%、26%、14%),并按照《全国农产品成本收益资料汇编》中每种作物的雇工成本单价折算成本。

表7-1 节本占总成本比例　　　　　　　　　　　　单位:%

项目	籼稻		粳稻		小麦		玉米	
年份	2019	2020	2019	2020	2019	2020	2019	2020
物质费用	5.3	9.4	6.5	8.5	6.8	7.4	2.9	6.1
人工费用	8.5	4.4	4.4	6.3	5.1	3.8	6.9	3.5
产出收益增加	2.7	8.7	7.0	12.6	9.5	10.5	10.2	9.7
其他收益	1.5	0.7	1.2	1.1	1.2	1.4	1.0	1.1
增值收益总计	18.0	23.2	19.0	28.5	22.6	23.1	21.1	20.3

数据来源：调研数据①

7.2　F公司技术与作业服务案例分析

以上增量收益是以农户作为生产单元的测算，若提供生产托管的私人部门也能获得利润足够支持其运营，同时还有动力和资源开展持续的技术改进并与农户分享技术红利，那么私人部门就有可能通过此方式承担原来由公共部门提供的技术推广和服务。事实上，技术推广和服务的市场化改革自21世纪在发展中国家广泛实践，但并没有取得实质性突破。在农业生产仅有微薄收益甚至有负债生产风险的情况下，农户购买有偿技术服务意愿不强。农业生产全生育期内的投入品、作业环节及技术贡献份额难以标准化测算。因缺乏出险定损指标体系，金融保险服务无法介入，保险产品仍以基本保障型或国家补贴保险为主。在这种形势下，一些以大数据技术和现代公司化管理为基础的社会化服务组织依然发展势头迅猛，服务规模快速上升，还实现了农户先期交纳农资或服务费用。因此，本部分从服务网络、服务内容和方式、公司盈利渠道三个方面对F公司案例进行分析，讨论农户采纳有偿技术服务的关键问题，为技术推广和服务市场化改革提供理论依据和政策建议。

---

① 2019年共调查875个生产托管案例，640万亩托管土地，其中水稻249万亩、小麦192万亩、玉米213万亩，单品种平均托管面积为7 314亩，最大托管面积为20万亩，最小托管面积为10亩。2020年共调查2 558个生产托管案例，3 482万亩托管土地，其中水稻849万亩（粳稻199万亩、籼稻650万亩）、小麦621万亩、玉米925万亩，单品种平均托管面积为6 878亩，最大托管面积为75万亩，最小托管面积为10亩。

7.2.1 服务网络

F 公司成立于 2008 年,农资销售为其主营业务。2016 年主营业务调整为农业生产性服务,借助信息技术搭建互联网、大数据的一站式种植服务平台。同时建立线下服务网络,为小农户、专业合作社、家庭农场及种植公司等各类生产主体提供作物生长期全程技术和托管服务。目前公司员工约 80 人,业务已覆盖 12 个省 105 个县,服务 84 万农户和 1 000 余个合作社,2021 年服务面积达 3 000 余万亩,雇佣当地农民 2 000 余人担任店长。

F 公司采取总部、县级合伙人、乡镇店长三级构架。总部主要负责其自主开发的 APP 系统建设和维护、作物生产投入品筛选及农资生产商业务联络,开展气象、遥感等与生产相关数据采集和分析,进行技术和管理优化以及内部管理及成本控制。其中作物生产技术和管理服务会外聘科研院所技术人员、各级农业技术推广站以及农村"土专家"与企业技术部门组成不同作物技术团队,形成针对某一区域某一种作物的一整套技术体系并进行田间试验。当前技术体系主要包括种子、化肥和农药筛选及团购配送服务,生产作业托管服务和农田管理方案,灾害预警和防控等。县级合伙人以交纳加盟费的方式加入 F 公司,县级合伙人为 F 公司在县域内独家代理商,负责所有服务业务,主要包括乡镇经理、店长招聘和人事管理,农业机械和农资调度,托管服务作业安排,与县、乡政府部门联系等工作。县级负责人招募店长后,由店长按照划定范围开展线下服务,主要包括帮助农户完成 APP 注册、农户生产信息录入、服务套餐推荐、田间巡查、农事提醒、生产问题解答、应急救援等。目前 F 公司 2 000 余名店长中有 60% 为留守无业人员,农机手、农资经销从业人员和供职于村集体人员各占 14%、18% 和 8%,店长每年都要参加公司内部交流和培训活动。

7.2.2 服务内容和方式

2019 年全国行政村通光纤和通 4G 比例均超过 98%,农村每百户有计算机和移动电话分别达到 29.2 台和 246.1 部 [数字农业农村发展规划 (2019—2025 年),2019],智能手机在农村逐步普及,并成为农民的新农具。在此条件下,店长借助手机和 APP 系统,可为农户提供一对一服务。首先,从农户入户调查摸底和实名注册 F 公司会员开始,店长获得农户田块位置、土壤情况、病虫害、作物种类、投入品数量和价格、历年产量、种植习惯等基础数据,并提交至 APP 后台。后台依据所在地块的气象、温度、水、肥、病虫害等遥感指标和历年数据结合数字化的种植经验形成的"作物生长模型",开展系统分析和决策,为农户制定个性化的全程技术解决方案,在APP生成播种、施肥、施药、灌溉、耕作、田间巡查、收获指导、销售及储存建议等覆盖全生产周期的技术咨询服务方案。F公司采取"小托管"和"大托管"两种主要服务形式与农户签订服务协议。"小托管"只包括生产周期内的技术指导、田间巡查、农事提醒等技术咨询和指导服务,"大托管"增加了农药、化肥、种子等投入品采购和配送。若农户有其他农事作业托管需求,还可以一事一托管单独计价。

F公司技术和托管作业服务强调线上线下联动协调,为农户提供保姆式服务。APP是服务决策和监督中心,所有作物生育期的作业提醒都由APP发出,店长负责线下田间巡查和作业落实。与单个环节代耕代种托管服务相比,F公司将作业与技术相结合,一对一落实技术细节和实施方案。例如,农户通过F公司购买的深耕托管服务,不仅包括作业安排,还会根据作物和土壤情况,对翻耕深度和质量等给出具体要求。农药喷洒作业也会针对不同病害和药品及有效成分含量,严控稀释比例并选择适合的喷洒情境(降雨、气温、风速等)。播种种子包衣、肥料配比等都实现了技术支持下的投入品筛选优化。此外,农户和店长可通过APP咨询生产相关问题,由专门人员在24小时内进行解答并给出解决方案。

7.2.3 盈利渠道

有效、适用、经济是F公司技术方案的基本原则,其目标是最大限度地发挥各类投入品使用效率,追求投入产出的最优方案。公司并不生产化肥、农药等投入品,也不购置机械设备开展耕作、生产托管等实体生产活动,仅专注于技术服务、劳动及其他要素组织和调度及投入品筛选和集中采购业务。由于科技社会化服务的通用性和适用性特征,F公司利用大数据和现代信息技术,技术人员不需抵达现场开展调研,也不用购置田间监控设备,充分利用店长和农户开展农田管理和监督的便利,大大降低了个性化农技服务的边际成本。F公司技术团队开展的大田试验实践的数据和农户调研数据,是技术方案实现有效、适用、经济的保障。为了易于让农户认可并采纳,其包含农药、化肥、种子等投入品采购和配送的"大托管"套餐的核算通常在农户自耕种的物质费用投入±5%范围内,实现在投入基本不变情况下增产增收和省时省工,可以有效平抑农户丰歉年收入波动,降低病虫害、药害的发生风险,保障投入品质量。

目前公司已经形成适应农业生产特点和技术推广规律的管理架构、基层服务体系和业务推广模式。其盈利主要来自两个途径：一是通过其种植技术和大数据支持，实现比农户自耕种投入品减量增效；二是开展投入品集中采买和提前预订，获得优惠价格。F 公司开展投入品筛选，选择性价比较高的投入品，实现了订单汇集，集中采购和配送，从工厂到地头的最简化物流、最合适包装和最低价格。公司按照服务内容和工作量向县合伙人和店长发放分成作为报酬，使用手机 GPS 定位和农户满意度线上反馈的方式，对店长的服务行为和质量进行考核。

7.3 依靠数字技术社会化服务的优势和特点

7.3.1 技术服务的经济价值

解决农业技术与农业经济"两张皮"和技术推广"最后一公里"是公认的提高技术进步贡献率的关键问题。因农业生产特点和技术推广目标群体以小农户为主，技术成果不仅需要专业机构开展熟化和试验，新技术边际收益应大于边际成本（Atanu Saha et al., 1994），农户才有可能采纳。然而，生产现实情况较为复杂。完整生育期内所有生产活动均贡献于最终产出，单项技术效果易受到其他生产活动和外部环境的影响，即便是通过试验评价的技术，农户对技术成本、预期收益和综合价值感知也会对是否采纳产生重要影响（于正松等，2018）。而全生育期整套技术受限于生产规模和实施条件。因此，在很长一段时间里，农业 TFP 的增长主要来自农业前沿技术进步贡献，而技术效率状况改善贡献有限（李谷成，2009），并表现出显著的技术进步和要素配置偏向（尹朝静等，2018）。当前公共部门的科技成果转化体系是通过行政手段包揽或直接介入科技资源配置，农户等市场主体游离于科技活动之外，这种外生性体系导致技术有效供给不足，政府"买单"的资金并没有在科技研发、成果转化推广、技术应用整个系统内实现投入和产出的链式循环（熊桉，2019）。

大量后评价的技术成本和收益测算有助于在宏观层面优化农业技术进步政策和体制创新，但对于农户来说测算远不及给出具体的投入成本和作业标准更利于其对新旧技术开展对比。以 F 公司玉米托管服务合同为例，合同列出了玉米全生育期内几乎所有作业的服务内容和标准，细化到各种投入品的型号、数量和作用，并一一列出各项服务（投入）内容的价格。这种服务方式帮助农户建立了技术和管理、农事作业、投入品筛选与最终产出的直接联系,将技术价值与投入品价值剥离并货币化,让农民先采纳技术,再在生产中进一步了解技术,之后信赖技术。

7.3.2 服务成本和风险控制

家庭经营能有效解决劳动监督激励问题(中国农村发展问题研究组,1984),但造成规模效益损失。在产权不发生改变的情况下,土地规模经营或服务规模经营是现阶段获得规模收益的两种途径,在实际生产中都面临雇工和转包的劳动监督激励问题(Bernstein,2011),使得农业规模化生产处于分工效率与劳动激励的权衡中(邓宏图等,2007)。近年通过劳动力组织化、公司化管理和乡村社会关系实现监督激励的创新尝试不断:一类是以江西省"绿能模式"为代表(胡新艳等,2021),由当地带头人组建适度规模的联合经营生产队,按照工资计酬、统一农资价格和农机配备的方式,建立生产过程节本和结果导向的超产奖励制度,避免服务外包中的"偷懒"问题;另一类是以"崇州共营制模式"为代表(谢琳等,2014),由农民合作社代表农户集体雇佣职业经理人,通过产权细分生成新的更高效率经营主体。以上实践解决了部分农户退出农业生产或农业收入占比较低而缺乏积极性问题,农业服务业对不同分化类型农户生产需求依然回应不足,甚至还可能出现小农户"挤出"效应。

托管作业服务虽然不是 F 公司的主营业务,但其技术标准要通过作业落实,公司为解决分工效率和作业监管问题采取了多种措施。凡是业务规模达到一定规模的村镇,技术服务单价与规模不挂钩。通过公司组织开展的农事作业,公司对作业有具体的执行标准,作业标准也会通过 APP 发送给购买服务的农户,农户可以随时反馈信息并在作业后评价,农户评价与店长绩效挂钩。所有开展基层服务的店长和乡镇经理都为本地人,他们利用本地亲缘以及地缘关系的熟人社会便利,对承担作业任务人员进行"信誉"和现场监管。如果出现本地作业人员(如农机作业服务)和外地调入服务冲突时,在价格协调基础上①,优先使用本地作业。对于浇水、田间管护等劳动强度不大,但劳动时间不可控的作业环节,不列入公司托管服务内,由农户自行实施。这些灵活多样资源配置方式,节约了不必要的田间监控设备购置

---

① 由店长开展价格协调,若本地价格高于外地调入服务价格比例不高且对整体技术方案成本影响不大,依然选用本地服务。

成本,最大限度地挖掘了农村剩余劳动力价值,避免了外来资本进入农村可能带来的基层治理冲突。

7.3.3 技术的乡村语言转换

科学研究带动技术创新和发展,现实中科学研究与技术创新的相互关系并不简单。技术创新始于问题发现,调动可利用的知识和技术资源找出解决问题的方法,在这个过程中先有新知识产生,认知上有关键性突破,随后通过科学方法解决现实中的众多不确定因素,将新知识转化为新技术。农业生产受到地域、气候和作业条件限制,还需要在技术发明的基础上继续开展中试,才能形成可操作性的技术集成体系。F公司的核心竞争力正是来自对农户生产模式深度调查基础上,开展技术中试和作业效率改进获得的增值收益。

F公司在安徽省开展的花生种植推广就是技术资源统筹(图7-1)和开发的典型案例。公司在服务中发现阜阳及周边地区为泄洪区,夏季玉米种植期经常有长达一周的水淹期,玉米绝收概率高。公司根据其他地区种植数据积累,发现花生具备耐涝特性,整棵花生全部被水淹没一周后排涝,对其产量影响不大,若将"小麦—玉米"模式改为"小麦—花生",每亩纯收入可提高400~500元。但农户没有种植花生经历,而且农户认为当地黏性土壤根本就不适合种植和收获花生。公司通过联系专家开展技术咨询、试验和示范,认为高油酸花生品种在耐涝性能、收获期潮湿条件不易发芽等特性适

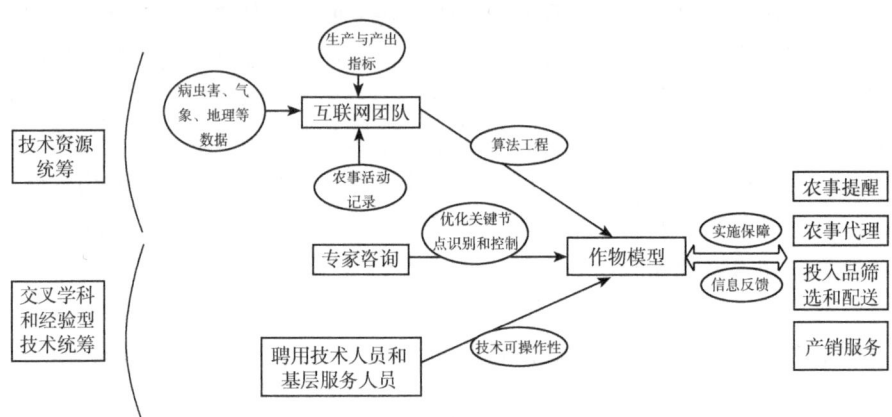

图7-1 F公司技术资源统筹解构

合当地种植。为了解决花生播种和收获机械化作业问题①，公司批量定制农机具，由当地店长或农机手个人出资购买农机，为农户提供播种和收获机械化服务，形成了一整套从种子包衣、播种、管理到收获的服务流程。

7.4 结论与讨论

F公司基于大数据技术和现代公司化管理的社会化服务系统，可以满足农户定制化、精准化和全生育期的技术咨询和作业托管需求，其服务利益相关方都可以获得收益，技术、投入品采购和要素使用效率提升，能够转化为可衡量的增量收益。F公司构建了不依赖政府投入的基层技术服务体系，发挥了技术效率和市场配置作用，也引发了笔者对依靠科技进步推动小农户与农业现代化有机衔接问题的认识和思维转变。①与科研院所等基础研究主体和乡镇农技推广部门相比，私人部门灵活的管理和运营机制，对技术市场前景判断优势与技术中试和实施的高参与度，有利于其成为打通技术创新链和价值链的重要衔接环节和转化主体，解决科技和经济两张皮问题。②对于不愿意退出农业但人力资源状况呈下降趋势的老龄农户来说，农业技术推广的目标不是教会其技术，而是让其先采纳应用，通过技术服务和作业托管保障其他因素不会影响技术效用，让农户获得技术带来的增值收益，不仅"行"在前，还要"行"得有保障，最终实现"知行合一"。③智慧农业的组织和实施形式应是多样的，无论是土地还是服务规模经营，田间布控各类监测仪器和大型农机设备等资本密集型农业不适合我国土地经营碎片化的国情，智慧农业的实施应更贴近农户精准、个性化技术需求，通过大数据和信息技术推动技术集成和生产决策科学化、标准化，实现技术服务规模报酬递增，逐步提高各类服务主体的专业化程度，提升其投入品议价、数据分析、新技术开发能力，并推动金融保险等市场化服务嵌入。

F公司案例呈现了一种更趋于将农业技术经济价值显性化的技术服务模式，它不同于以完成行政任务和某项技术培训目标的公共部门技术推广，以及农资经销商以销售农资为目标的产品应用解说和宣传，而是以帮助小农户实现增量收益为出发点，由各级专家、总部和当地员工、农户共同参与的"远程农业技术服务和现场作业托管服务"，按照"技物结合"或"技术托

---

① 高油酸花生播种用种量是普通花生的一半，需要定制专门的播种机械。由于当地不种植花生，没有花生收获机械。

管"的服务标准和要求，实现了可物化技术（种子、农资等投入品）与不可物化技术（管理、信息等软技术）有机结合。APP 和 GPS 等信息技术降低了技术推广成本，实现技术转化与使用主体的频繁互动、反复验证、跟踪修正等目标。根据对 F 公司 3 年的跟踪研究，这种技术服务模式是农户认可的，适应我国国情和农情，在经济和机制上是可持续的。尤其重要的是，F 公司不生产农资，也不购置农业机械开展作业，确保了其所有技术服务和生产投入决策遵循有效、适用、经济的原则。

F 公司服务模式回应了当前各类新型农业经营主体和老龄化农户作业托管和技术服务的需求，服务提升了经营者技术水平，降低了生产风险，解决了老龄化农户劳动能力下降、生产成本增加、化肥农药施用量居高不下等问题。这种模式在信息技术支持下，可以低成本推广和复制。尽管 F 公司服务仅在种植业的生产环节，未形成加工、销售的完整供给链条，但其实现了生产各环节投入和作业标准化与数字化，创新了不依赖政府投入的市场化技术服务模式，提升了农业技术效率。本文认为，F 公司的服务案例对破解小农户技术进步困境有启示意义，更重要的是，农业社会化服务领域的实践案例近年层出不穷，对于探索和激发农业全要素生产率增长、可持续发展动力、社会化服务市场化发展、农业高质量发展路径等具有极其重要的现实意义。

一是新技术应用需要相适应的规则、模式依托，才能激发新技术对生产率提升、制度优化的引擎作用。当前，合成生物学、基因组学育种、农业生物质工程、智慧农业等前沿技术发展前景广阔，它们很可能成为未来农业发展转型的关键核心技术，但技术应用并非资本推进农业装备和投入品升级就可以实现。以可降解地膜技术为例，地膜配方要根据作物、海拔、光照和种植模式进行调整，必须有专业转化和推广主体持续开展技术试验、跟踪和反馈。因此，农业技术服务主体将在现代农业科技体系中发挥重要作用，成为农业技术创新链的重要环节。

二是农业生产标准化和数字化将为产业融合、供需对接、高品质发展提供有力支撑。全生育期技术服务为农业生产产能和品质保障背书，在开展定制化生产，培育差异化竞争优势，催生农业金融保险产品多样化发展，改善当前农业生产保险以国家普惠保险为主等方面都大有可为。一些社会化服务主体已经尝试与金融和保险机构开展合作，服务主体作为合同第三方保障了农户贷款定向使用和还款率，以产品品质、产量、售出价格为履约条件的金融产品也可尝试商业化运行。技术环节多、要求高、标准复杂的畜牧业托管、果蔬生产托管、土壤改良成套作业已经出现。

三是农业社会化服务已具备市场化运行、专业化发展的充要条件。2017年《关于支持农业生产社会化服务工作的通知》（农办财〔2017〕41号）下发，农业生产托管呈蓬勃发展态势，在2018—2020年托管面积分别达到13.80亿亩次、15.1亿亩次、16.0亿亩次，生产托管补贴发挥了"扶上马、送一程"的既定目标。下一步，托管补贴应重点开展生产清洁化、废弃物资源化、产业模式生态化等农业绿色增效技术，以及整村托管、产业融合、市场对接等存在市场化运行困难的社会化服务项目实施，推动农业生产中的外部性、机制性问题解决。

第8章 颠覆性技术创新与农业变革

技术进步是经济增长的主要源泉，通过创新实现技术物化并产生有益效果已成为当前全世界推动发展进步的主旋律。近年来，我国农业生产成本不断攀升，资源环境压力逐年增大，农业竞争力越来越差，农业发展越来越不可持续，归根到底是传统的生产方式越来越不适合现代农业发展的需要，科技的支撑力和支撑方式越来越难以解决现有及未来发展的需要问题。这也预示着，未来的农业发展必须更加依赖农业科技进步，技术创新需要开拓新的创新路径，突破边际增量的限制，实现生产率大幅度提升，引领传统农业向现代农业转型。

2015年李克强总理首次在《政府工作报告》中提出"增加研发投入，提高全要素生产率"。2017年十九大报告强调：要突出关键共性技术、前沿引领技术、现代工程技术、颠覆性技术创新。当前，全球各国都希望通过颠覆性创新实现跨越式发展，并相应地开展战略布局，将技术创新与农业重塑统筹谋划，并辅以组织创新和制度创新。美国已经形成了颠覆性技术常态化研究和投入机制；日本在2013年开始实施"颠覆性技术创新计划"，经费规模占到全部科技计划经费的4%左右；俄罗斯通过"先期研究基金会"推动技术储备（赛迪智库专报，2016年）；英国和法国分别提出"高价值制造"和"未来工业战略"。不仅如此，一些国家定期发布突破性技术（技术预见）报告，为技术遴选和创新聚焦创造条件。在这种形势和氛围下，颠覆性创新会对农业产生什么影响？开展农业领域颠覆性创新会有哪些特点和难点？中国农业最需要颠覆性技术、技术集成还是创新机制，或是三者都缺乏？本文将对颠覆性创新与重塑农业的关系进行深入探讨，分析颠覆性创新可能对当前农业面临的供求结构失衡、农业竞争力不强、农业资源环境压力、农民增收困难等重大问题的解决途径。根据未来现代农业发展方向和需求提出颠覆性创新在农业领域的特征与发展领域，探讨颠覆性创新可能的实现方式，明确颠覆性创新对重塑农业的作用路径和方向，最后提出促进农业颠覆性创新的政策措施。

8.1　颠覆性创新理论的由来与演进

1997年，哈佛大学Clayton Christensen首次提出颠覆性创新理论，将创新分为颠覆性创新和渐进性创新，破解了困扰学术界已久的"亚历山大困境"（领先的在位的大企业在面临新技术调整时容易被新进入的小企业打败），从此颠覆性创新成为各行各业关注和争论的热点。颠覆性创新概念的提出是经济理论与创新理论并行发展、相互贡献的结果。

各国发展经验表明,资源禀赋、政治制度、地理因素、资本积累都会影响经济增长(Smith,1776),在众多影响因素中,技术进步促进经济增长的作用越来越重要,且成为实现经济持续增长的唯一途径(Solow,1956)。经济学家通过历史考察和现实研究,从新技术是如何产生、科学和技术的关系、如何运用技术提升经济、技术发展的组织模式、技术发展的内涵、现代技术分类等角度,将技术与经济的关系逐步阐明,技术经济学逐渐发展成为研究经济活动规律与技术发展规律的交叉学科。熊彼特(Schumpeter,1912)在《经济发展理论》中开创性地提出了创新的5种情况,即新产品、新技术、新市场、新的原材料供应来源、新的生产经营组织,人们开始认识到"发明创造"和"技术创新"的区别,创新的含义从单一的新技术、新产品,逐步发展为新技术应用和产业化、技术组合、商业模式和组织、制度创新。熊彼特认为创新是企业家为避免边际收益递减开展生产技术和生产方法革新,目标是最大限度地获得超额利润。之后,创新的理论进一步深化发展,从技术创新延伸到产品创新、过程创新和服务创新(表8-1)。

表8-1 颠覆性创新理论演进

时间和代表人物	核心观点与代表性理论进展
Schumpeter,1912	创新理论奠基人,将"创新"区别于"发明创造",提出创新的5种情况,即新产品、新技术、新市场、新的原材料供应来源、新的生产经营组织
Bush Vannevar,1940;G. Lynn,1962	创新线性模型,创新概念扩展为"过程",即技术商业化转化;创新内容从产品和技术扩展为产品、过程或服务
S. Klein and N. Rosenberg	提出创新过程模型"链环—回路模型",对技术创新过程的多因性和多维性以及不同路径有了重新认识
Umerback,1973	创新形成的技术不一定是连续的
Christensen,1997;Dan and Chang,2010	将技术分类为连续性和非连续性技术创新,提出"破坏性"(颠覆性)创新,从价值链角度解释"破坏性"(颠覆性)的含义

在20世纪中后期,新古典经济增长理论和内生增长理论不约而同地关注人力资本、研究开发、知识外溢、技术进步对经济增长的贡献,并利用历史数据开展验证。到了21世纪,创新的定义更加明确地强调"转化",即新产品、新过程、新系统和新服务的首次商业性转化。这些研究开创了技术进步测度的先河,形成了理论、实证、启示的完整研究体系。

然而现实中,完成技术商业性转化不仅需要技术本身在原理、结构,特别是功能效益上的突破，还需要有效的激励制度、恰当的商业模式以及匹配的市场，必要时还需对新技术进行再次改造、发展和组合。随着垄断企业的出现，研究者发现，创新的必要条件在当前社会分工细化、垄断市场存在的情况下变得更加难以获得，垄断企业对现有目标客户需求进行深度了解以及对本领域技术的高速掌控，更容易在低成本下开展演化性、连续性、渐进性技术创新。颠覆性创新理论以经济理论与创新理论为基础，标志性地提出创新形成的技术不一定是连续的（Utterback，1994）。特别是渐进性技术创新产品的性能增加若无法带来消费者的边际效应增加时，就是颠覆性创新产生和应用的最佳机会。因此，颠覆性创新另辟蹊径开发新的产品、开拓新的市场、寻找新的目标客户，为小企业与大企业竞争、弱国赶超强国、重塑世界经济格局找到了突破口。连续性技术创新通过技术替代，改进和完善产品性能，延续以往的内部生产目标和管理模式，以及其客户群体（市场）和产品功能。相对应的，非连续性技术创新则使用新技术替代现有技术，开辟新的市场并形成新的价值体系和市场规则，具有破坏和颠覆原有主流市场的特征（Christensen，1997；Dan and Chang，2010）。随着学者们对颠覆性创新典型案例的剖析和研究，颠覆性创新理论对颠覆性创新与颠覆性技术、颠覆性创新的特征、颠覆性创新的目标、如何实现颠覆性创新都有了明确的界定和丰富研究，其理论逐步建立。管理者对新技术价值的理解、非高额利润超大群体需求、跨行业新技术采用和技术融合等是现实中颠覆性创新的绝佳机会。

8.2 农业颠覆性技术的过去、现在与未来

8.2.1 农业发展史上的颠覆性技术及其特征

回顾农业发展历史，不难发现颠覆性技术及其衍生集群与农业经济发展和生产率增长的密切联系。第一次农业绿色革命的核心技术就是高产品种、机械化和化肥使用。化肥和杂交育种技术将肥料生产和育种从农民生产活动中分离出来，实现了新技术物化，有效提高了投入产出效率，形成了新的生产投入结构，实现了颠覆性创新。1837年铁犁的发明至20世纪农业机械替代劳动力实现了生产规模扩大，解决了农村劳动力不足问题，改善了耕作质量，同时与灌溉和化肥结合使用，大幅提高了土地的肥力结构和蓄水能力，对提高单位农业劳动生产率和劳动生产率起到了关键性作用（表8-2）。

表 8-2　农业颠覆性技术特征

项目	化肥	机电动力农业机械
年代	19 世纪中期	20 世纪初
技术原理	植物矿物质营养学说和归还学说（F. Wöhler, 1928），有机质可以分解释放出矿物质	基于内燃机、风力机、电动机等其他领域新技术形成技术组合
在位技术	粪肥、植物"腐殖质"	人力、畜力农业机械
初始竞争优势	缩短了土壤营养改善周期，使用方便，营养成分高，成本低	动力输出强度和工作时间远远高于人力、畜力
衍生集群	初期只有氮磷钾肥，后期衍生出尿素、复合肥、速效肥、缓效肥、长效肥。土壤用肥、叶面用肥等	针对不同作业地点（田间、牧场、果园、厂房、渠道等）、作业环节（耕、种、防、收）和作业方式（行走作业、固定作业）
具有使用简单、价格便宜、性能可靠或有效满足需求等特征	可以人工合成，提高土地复种率	操作简单，极大地提高劳动生产率

育种、化肥和农业机械的创新与应用大幅抬高了生产前沿面（即理论上的最高产出水平），改变了生产投入要素结构。农业机械打破了人力的局限，育种和化肥不仅实现了农业生产分工，还用工业化、现代化的生产方式替代了传统生产方式。这 3 项颠覆性技术与同期的在位技术相比，依赖不同的技术原理或与其他领域技术形成新的技术组合，初始竞争阶段在主流功能（与在位技术相同的功能）表现、衍生功能（扩展功能）创新方面具备明显优势，在其后期衍生集群（产品）的功能强化过程中，更好地满足了社会需求，且在位技术无法通过延续性创新追赶优势，最终颠覆性技术逐步替代了在位技术。

如图 8-1 所示，一般性技术进步由原前沿面 F_c 点移动到 F_t 点，而颠覆性创新可以将产出水平从 F_c 点大幅度提高至理论产出的 F_d 点和实际产出 E_d 点。颠覆性创新与现有技术不是延续改进的关系，而是另辟蹊径地开发思路带来技术水平不连续的提升。在应用早期（图 8-1 中 T_l 时点之前），原有技术处于快速上升期，从 T_l 时点到 T_d 的期间，颠覆性技术与原有技术还存在性能差距，通过不断修正改进，到了 T_d 试点才能真正侵入现有的价值网络。例如，机械抛秧成活率、小地块机械化耕作、良种与田间管理与其他投入品的匹配等问题都制约并影响了创新效果。随着技术开发和推广部门对技术理解逐渐加深，控制力逐渐加强，相应的机械代耕代种服务、田间操作方案等商业模式和管理模式应运而生，颠覆性技术改进速度和性能提升会不断加快，继而替代现有技术，实现了整体技术水平不连续增长。

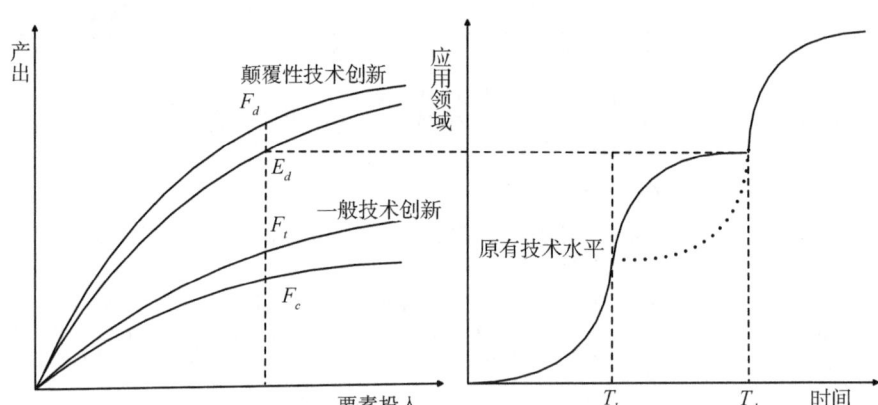

图 8-1 颠覆性创新对生产前沿面和整体技术水平变化影响示意

农业领域颠覆性技术创新就是要对现有农业技术创新方向、路径及其所遵循的理论（理论体系）进行根本性改变，通过商业化或产业化转化为农业生产要素和生产条件，极大地提高劳动生产效率，形成新的农业生产方式、经营模式和商业模式。因此，农业颠覆性技术具有技术原理创新性、衍生集群扩展性和当期技术优势稳定性的特征。

8.2.2 中国农业为什么需要颠覆性技术

加入世贸组织以来，我国农业对外开放程度不断提高，国内外两个市场的相互作用和影响不断加深，国内市场稳定和产业安全风险加大。从 2000 年开始，中国农业生产成本快速上升，其中劳动力和土地成本增长最快，进口价格天花板效应明显，农民增收难度加大。2013 年，大豆、小麦、水稻、玉米先后进入国内外价格倒挂拐点（农业部农产品供需形势分析，2010—2019），农产品进口量逐年增加，但仍需面对市场和谈判的双重压力。农业资源存在过度开发利用的问题，生态存在严重透支的问题（韩俊，2018）。同时，农村社会也在发生深刻变化，工业化与城镇化进程不断推动农民向城市自由流动（刘守英等，2018），引发农户类型（纯农业户、农业建业户、非农业兼业户和非农业户）、农地流转（转包、出租、互换）、生产方式（生产分工和生产托管）、农业功能和形态（农业多功能性、三产融合）发生了深刻变化（表 8-3）。

表 8-3 国内外粮食价格比较

品种	2018 年国际价格比国内低（%）	2019 年 1—10 月国际价格比国内低（%）	国际价格高于国内价格时间
小麦	18.8	19.8	2013 年 6 月至 2020 年
水稻	19.3	14.4	2013 年 7 月至 2020 年
玉米	2.1	−13.3	2013 年 7 月至 2018 年 7 月
大豆	15.7	21.2	2012 年 12 月至 2020

资料来源：作者根据农业部农产品供需形势分析月报整理。

中国比任何时期都更加重视技术创新，以技术进步支撑农业发展。然而各类农业常规技术（良种、良法）、种植模式（单一耕作农业、双季耕种、作物轮作）、扶持政策（最低收购价格政策、农机、良种补贴政策、扶贫政策）和体制机制改革（规模化经营、新型经营主体建设）等，因受到原有作用路径约束，其边际效应增长空间越来越小。通常，初始的技术路径会强化当前技术研发的刺激和惯性，人们更容易在原有技术路径上做"增量"研究，自然而然地被"锁定"在某种被动状态之下。以水稻育种发展为例，袁隆平提出"三系"水稻杂交优势，借助保持系来繁殖不育系，用恢复系给不育系授粉来生产雄性恢复且有优势的杂交稻水稻。"三系"杂交水稻改变了之前矮化育种的创新路径，将水稻亩产水平由不足 200 多千克，提高到 450 千克左右。颠覆性创新对当前中国农业形势具有显著的现实意义，可以突破思维范式和方法论，克服路径依赖引发技术革命，产生根本上的变革与创新，并在技术路径创新的基础上，打破旧的经济体系、价值链和体制机制，构建农业经济发展新动能（图 8-2）。

8.2.3 颠覆性技术将给破解当前中国"三农"问题带来巨大希望

（1）创制新要素，扩充资源边界，打破资源瓶颈。颠覆性创新要实现要素再造和重新配置，创新生产模式，可以打破资源瓶颈对农业发展的限制。由于城镇化快速发展和人口增长造成农用地和水资源紧缺，粮食产区逐渐向东北和中部集中（邓宗兵等，2013），加剧了东北和中部地区的资源压力。长期使用化肥和农药，使中国北方地区出现土壤沙化、盐碱和耕作层变薄等问题，南方土壤有机质减少、酸性强、板结失墒，中国农业面源污染发生面积和程度不断扩大。颠覆性创新可以扩大资源边界，减少紧缺资源使用，更易获得且成本更低的生产要素。例如生物炭化和炭基肥技术将秸秆变为提升土壤肥力、固氮减排的肥料，还可以将秸秆变身石墨烯，为工业生产提供更丰富的生物质原材料。基于合成生物学的理念，创建人工细胞工厂发酵生产植物源天然产物，人工合成萜类和生物碱等化合物，不仅节约有限的土地资源，还可以避免传统生产天然产物含量低且差异大，类似物复杂导致产品纯化难，以及对生物资源尤其是野生植物资源造成严重破坏等问题（王冬等，2016）。这类技术创制了新的生产要素，突破了动植物生长发育的限制，打破了资源瓶颈的约束。

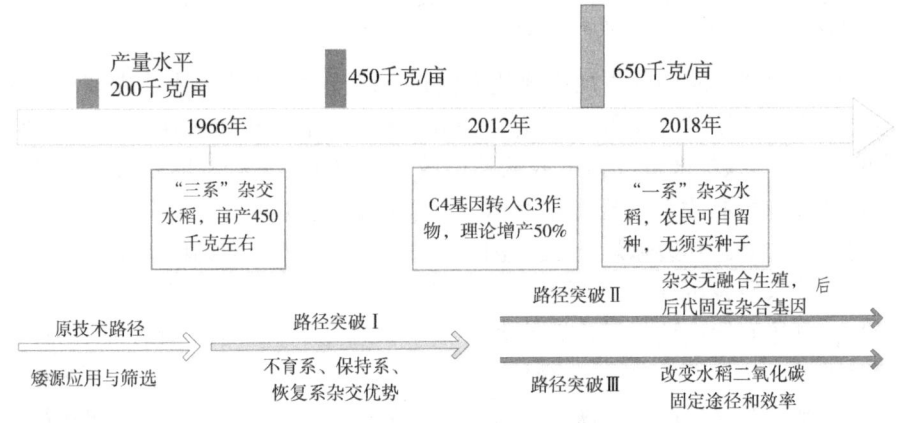

图 8-2　近代水稻育种技术路径变化①

备注：根据王克剑团队"Clonal seeds in hybrid rice using CRISPR/Cas9"绘制。

（2）打造新的生产方式，摆脱自然限制。农业产业的目标是生产粮食作物、经济作物、饲料作物和绿肥等农作物，来满足人民营养和工业生产需求。农业生产需要土地、水、光、积温、矿物质养分等资源，在气候、资源和环境条件下，形成了固定的生产方式。20 世纪的"植物工厂"创新，其基本理论基础是"矿物质营养学说"，利用人工模拟与控制环境技术，开展流水线方式的作物生产模式，按计划均衡生产，稳定供给。植物工厂的单位面积产量、水肥料利用率、机械化率、环保安全性等方面与常规生产方式相比优势明显。基因组与细胞工程、基因线路和原件工程、代谢工程等前沿研究都将成为开启生物体构成本质及运动规律的"生命科学"路径创新的使

---

① 根据王克剑团队"Clonal seeds in hybrid rice using CRISPR/Cas9"（原文出处：https://www.biorxiv.org/content/early/2018/12/13/496042），中国农业科学院生物技术研究所专利"转 C4 光合关键基因提高 C3 植物光合作用的方法"以及水稻育种的历史与未来 https://www.sohu.com/a/162562547_505867 整理。

能技术（赵国屏，2018），将颠覆生物体代谢工程效率，实现生产要素高效利用，不依赖季节和光热条件，促进农业生产标准化、精细化，开创新的"工厂式"生产方式。

（3）集成利用高新技术，再造全新农业服务模式。农业技术一般具有很强的实践性和复杂性，长久以来，由于传统农技推广模式长期存在技术对接不精准、技术服务难持续、技术服务效果难保障，整体运转缺动力等普遍难题，使得许多技术不能有效转化为现实生产力。而大数据技术将颠覆当前技术推广方式，不仅可以通过手机或电脑等移动设备向农民传播新技术，还可以嵌入地块遥感指标、气象和灾害数据、市场信息数据、作物经验数据等资料，形成个性化"技术大脑"服务，云端软件计算各个生产作业的最优实施时间和作业内容。农户还可以在使用中验证和修正技术指标，让其更符合个体需求。这类创新将颠覆以往田间技术依赖于农户经验积累的方式，降低技术推广成本，缩短学习时间，实现技术转化与使用主体的频繁互动、反复验证、跟踪修正等目标。农户只需"信"服务，不用"懂"技术，线上服务与本地化线下服务紧密结合，解决科技服务"最后一公里"问题，确保了农业科技在实现农业增产增收方面的最大作用。

（4）促进农业分工，开发差异性竞争优势。颠覆性创新的意义不仅在于颠覆性技术突破，更重要的是通过以高新技术或技术组合为引领的新产业、新业态、新模式的行程与发展，实现农业竞争力水平大幅提升的最终目标。例如，农业社会化服务整合现有技术，将农业产业链和生产链各环节进行深度改造，统筹安排要素配置，农户通过购买服务完成自己干不了或自己完成不划算的作业环节。当前，社会化服务中实现的劳动力替代技术已经不仅局限于农业机械，更扩展到工程装备、环境操作、智能移动设备乃至大数据支持下的现场解决方案。不同作业主体还可以融通系统、联合开发、衔接作业环节，发挥制度、技术、管理、业态、模式的综合效益。在社会化服务支持下，可以促进农业合理分工，实现合理种植和精细化的管理，极大地扩展了单位劳动力可以管控的生产规模，提高管控效率。这类颠覆性创新可以有效缓解我国劳动力成本持续增长的状况，有助于解决"谁来种地""怎样种好地"的问题，对已有的竞争格局和产业格局产生变革影响。

8.3 未来十年中国农业领域颠覆性创新的可能性

分析当前中国农业领域颠覆性创新发展的方向，关键取决于创新与我国现有的技术水平、资源禀赋特征和农业生产及组织方式的匹配程度，是否具备商业化或产业化为农业生产要素和生产条件，是否可以极大地提高劳动生产效率，形成新的农业生产模式、经营模式和商业模式。根据前文分析，笔者认为中国农业最需要的技术创新来自于三个方面的要素创制，一是劳动力替代创新，如通过人工智能技术、全球定位技术等的利用，彻底打破人自身的生理极限，实现全天候、精准化、高质量的工作，大幅度提高劳动生产率；二是打破资源瓶颈约束，如通过人工模拟智能温室技术实现全季节、多层级、精准化高效生产，极大地摆脱农业对土地、气候、环境的依赖和极大地提高土地、水和劳动生产率；三是突破产业、部门界限，创造新的需求，实现新增长。如利用现代科技的最新成就，笔者通过文献综述并结合我国农业发展面临的突出问题和农业生产特征，归纳出未来十年中国农业领域颠覆性创新最有可能、最有潜力、最具价值的三个方向。

8.3.1 合成生物学和基因组学育种技术

合成生物学会聚了科学研究对生物进化、遗传、发育、发酵等生物界认知的"发现能力"，工程学理念带来的基于需求导向的"建造能力"以及颠覆性技术带来的"发明能力"，从而全面提升社会的"创新能力"（赵国屏，2018）。合成生物学利用"底盘+模块+元件"的思路，有目标地创建新生命体系，扩展了以往农业育种以驯化、诱变为主导思想的育种思路。众所周知，育种技术相比其他农业技术，具备更便利地实现商业化和技术物化的特性，通过无性繁殖技术获得的种子，天然地保护了其知识产权。从2000年第一个合成开关"生物开关和压缩震荡子"，到大肠杆菌中实现青蒿素前体途径的工程化，再到利用动态的代谢流控制生物才有生产，再到设计合成酵母菌，人类距离工厂化"建物"的目标越来越近。水稻、玉米、大麦等重要农作物编辑功能的应用已经在开展中，农作物品种改良实现突破可期。同时，利用合成生物学拓展农业产出为能源材料、环境生态和人民健康提供原料来源，将极大改善当前农业与其他行业平均收益差距的现状。

由于土地和水资源限制，常规育种对生产的贡献能力已经发挥到峰值，只有通过基因组编辑育种技术,实现无融合生殖的杂交作物制种,改造作物光呼吸,改进动植物细胞和组织培养技术,开发更有效的遗传转化方法,调节动植物发育和繁育、再生能力,更准确、更精细地改变生物体内有机大分子的合成速度和方向,达到不断提高动植物生产效率,在现有资源条件下提高动植物食品生产能力并改善品质的目标。当前,中国的基因编辑技术水平无论从受体作物物种类型、目标突变类型、定向突变技术效率与精确性等技术要素的系统性与先进性均处于领先水平(徐强,2016;谢传晓、陈其军,2019)。该项技术在中国的应用领域广泛:可以快速弥补中国在大型动物育种方面的差距,通过直接编辑决定遗传性状的胚胎基因,即可精确改良家畜遗传性状,获得一批传统育种较难培育、肉用性能和抗病力显著提高的牛、羊、猪(王栋等,2018);调节大豆、油菜等作物籽粒中油的成分比例,增加亚麻酸、亚油酸等优良成分的比重;根据需要敲除或减弱支链淀粉合成的基因的活性,增加直链淀粉的比例,生产功能性主粮(张学勇等,2017),助力糖尿病、高血压等慢性病防治;开展各类鱼类、海产品育种,扩展人工养殖海产品品种和效率;利用全基因组关联和连锁分析,全基因组表观遗传修饰位点和解析调控,筛选和鉴定影响作物风味的遗传位点,改变许多农产品的风味、颜色,延长农产品的货架期(徐强,2016)。这些技术对当前粮食产需结构性缺口,解决粮食生产资源约束,扩展中西部地区干旱地区粮食和畜产品生产能力,开发差异性竞争优势等问题有很强的针对性,具备商业化条件。

8.3.2 以微生物组学为基础的农业生物质工程

微生物组学是继基因组学以后,生命科学与生物技术研究领域的重大突破之一。它涵盖了微生物群及其全部遗传与生理功能,及其微生物与环境和宿主的相互作用。微生物在碳和营养的循环等方面的关键功能,决定了其对地球植物和动物健康、生长、有机物与蛋白质转换、疾病起到了决定性作用。目前人类对存在的万亿微生物中有99%还没有被发现。由于复杂的微生物群体多样性导致研究微生物群体中特定的功能变得非常复杂,特别是与农业相关的土壤和人类肠道中的所有微生物。在过去10年中,核酸测序和质谱技术的进步使得能够更快速,更有目标地进行宏基因组、转录组、蛋白质组学和代谢组学的分析(张超蕾等,2017)。当前的技术水平已经具备了产业创新的条件,诱导性微生物种衣剂、工程微生物等产品可以用于作物危害控制的生物杀菌剂、改善水肥利用效率,应对病害和非生物胁迫的抗性。从事这类产品生产的公司已经得到了金融资本的高度关注,成为资本新宠。

我国生产微生物肥料和微生物农药的公司超过 1 000 家,未来增长潜力很大(表 8-4)。

表 8-4 近年农业微生物领域战略合作

公司	业务	融资概况
AgBiome	筛选、分离和分析遗传组成,以得到有益微生物保护植物免受昆虫、线虫和疾病的侵害	2015 年获得 3 450 万美元 B 轮融资,第一款生物杀菌剂产品于 2017 年获得 EPA 登记
Indigo Ag	用微生物促进小麦、玉米、棉花和大豆的水分吸收效率并提高氮肥利用率	2017 年 9 月,融资 1.56 亿美元,融资总额超过 3 亿美元
Biome Makers	利用生物信息学将地区微生物中进行测序,整合生物详细信息和改进建议	2016 年 10 月获得 220 万美元融资
Pivot Bio	优化耕地土壤氮含量。利用生物信息技术回执土壤微生物组,优化有益微生物,增加作物对养分的吸收,提高作物产量	2016 年 3 月获得 1 600 万美元 A 轮融资,融资总额达到 2 500 万美元
NewLeaf Symbiotic	甲基营养菌转化植物产生的甲醇和其他植化合物促进植物健康和产量的化合物	获得 3 000 万美元 C 轮融资
Aphea. Bio	核心技术在小麦、大麦和玉米的新型内生微生物挖掘	2017 年 6 月获得 1 000 万美元的融资
BIOWISH	产品配方由微生物在严格控制的发酵条件下产生,诱导微生物表观遗传改变,生产特定功能。可作为肥料添加剂	2016 年 5 月获得 500 万美元的 B 轮融资
Plant Response	筛选微生物和微生物提取物或分子以改善植物健康和作物表现	2015 年 12 月结束了 660 万美元 A 轮融资,融资总额达到 720 万美元
Inocucor	使用专利发酵工艺结合多种菌株产品,添加到土壤和植物中,促进作物生长	B 轮融资获得 2 900 万美元
Zymergen	研发多种行业所需的微生物和工程微生物。使用大数据,自动化优势,推荐使用者所需最佳微生物	2016 年 10 月获得 1.3 亿美元 B 轮融资
Adaptive Symbiotic	推出一系列共生真菌的液体配方以增加作物对非生物胁迫的耐受性,如干旱、盐分和温度胁迫。产品开发应用于谷物、豆类、蔬菜等作物	2016 年 1 月获得 340 万美元 A 轮融资
BioConsortia	关注于植物微生物组并将有益微生物用作种子处理、喷雾或颗粒产品。重点关注肥料利用率、产量和抗逆性特征	2017 年 11 月完成 800 万美元融资,2017 年融资达到 1 200 万美元
Ginkgo Bioworks	可定制生物工程产品,包括生物工程微生物及代谢产品,客户包括生产调味料公司、香水、营养保健品公司和农业	2016 年 6 月获得融资 1 亿美元,融资总额 1.54 亿美元

资料来源:http://www.sohu.com/a/242355605_740796。

我国的微生物农药生产已初具规模，害虫天敌的生产与利用技术处于国际领先水平（例如，赤眼蜂的人工繁殖与应用全球面积最大）。生物农药最新研究方向 RNA 干扰技术与国际同步发展。各种类型的蛋白激发子不断被发现外，激发子作用的分子靶标、分子机制研究亦不断深入，有关技术的突破将促进植物免疫诱抗剂的快速发展（邱德文，2017）。该领域颠覆性技术主要包括：木霉菌等真菌生物农药发酵产抗逆性孢子工艺，真菌聚酮化合物组合生物合成，拓宽医药和农业生物活性物质的范围；利用干扰素进行抗病毒、抗肿瘤、提高机体防御能力，是动物有效抵御病毒感染的新型多肽制剂，可作为养殖业中普遍使用抗生素的有效替代品；利用作物微生物组学和合成菌群学构建生态稳定的多菌种复合微生物肥料；通过互作信号调控增强微生物肥料在植物根际的定殖与作用效果（王栋等，2018）；生物质炭的深入研究催生了生物质废弃物炭化与生物质炭农业应用的有机结合，初步形成了以热裂解为基础的生物质工程与产业（潘根兴等，2017）。传统微生物农药生产工艺、应用推广面积和产品质量都有了长足的进步，为农业生物质工程产业化奠定了基础，昆虫信息素和昆虫性诱剂已经系列化和技术实用化，土壤修复技术、植物免疫技术、昆虫信息素、微生物杀菌剂、植物源农药和天敌昆虫形成病虫害综合防控体系和解决方案。生物质产业的可再生、清洁、低碳、惠农和对化石能源多途径替代等优势，可以带动农业机械、生物质加工、热能转化、肥料制造及物流等产业联动发展，实现颠覆性创新。

8.3.3 大数据和信息技术支持下的智慧农业

大数据和信息技术具有极强的催化剂、黏合剂和倍增器作用，为众多前沿科技领域的重大突破创造机会。它可以作为许多技术的载体，或者与现有技术形成集成技术。大数据和信息技术包括物联网、云计算、大数据、量子通信、人工智能等领域。这些技术运用于农业领域主要有遥感技术（RS）、地理信息系统（GIS）、全球定位系统（GPS）的应用，具有宏观、实时、低成本、快速、高精度信息获取的特征。目前，已经建成并使用的有红壤资源信息系统、土地利用现状调查和数据处理系统、北方草地产量动态监测系统、中国农作物种质资源数据库及国家农业资源数据库等。未来，大数据可以融合农业地域性、季节性、多样性、周期性等多层面的数据信息，大数据在使用过程中还会产生来源更加广泛、类型多样、结构复杂、具有潜在价值的数据集合。通过信息技术实现农业生产模式和要素的创制还有很大发展空间。农业装备和设施的操作监控、远程故障诊断以及服务调度，农业中不同关联产业耦合（如种植业与蜜蜂授粉）、上下游产业数据分享和作业联动（如畜牧业、屠宰业和肉类加工业），都可以通过大数据和信息技术实现产业链整合和整体效能最优管理。

智慧农业是以大数据和人工智能为基础和主要驱动力的新兴农业生产模式，利用信息技术对农业生产进行定时定量管理，使用智能机械来实现农畜牧产品的种、管、采收、储存、加工、销售，以最少的要素投入实现最大的回报，实现农业生产的高效低耗和优质环保。当前的科技水平，可以做到耕作、播种和采摘等智能化（如美国 Blue River Technology 公司的 LettuceBot "智能生菜机器人"），智能探测土壤［如超级农作物 CropX 公司、气候看守者（ClimateMinder）通过传感器收集地形信息、土壤结构、盐分和含水量、ABB 公司海王星"智能灌溉系统"］，市场信息及预测（如 FarmLogs 公司提供农产品价格、耕作开支、利润预测和气象服务），探测病虫害、气候灾难预警等智能识别系统，以及家畜养殖业中使用的禽畜智能穿戴产品。中国在智慧农业领域的技术虽然处于"跟跑"水平，但在植保无人机、喷洒数据和喷洒决策、智能电池管理系统等方面已实现技术突破。其中，数据平台服务（包括运用遥感、传感技术获得数据进行分析决策）、无人飞行器植保、农业机械自动驾驶这三个领域出现颠覆性创新的可能性最大（周斌，2018）。虽然智慧农业在中国市场前景广阔，但由于我国气候与地理环境复杂，农户生产规模小，人工智能面临定制服务复杂、初期投入和维护成本高等挑战，需要不同学科、行业更多的协作才能实现颠覆性创新。

8.4 基于农业颠覆性技术特征的促进政策

8.4.1 重视基础研究和交叉学科研究

活跃的基础研究是开展颠覆性创新的源泉和根基。对待前沿开创性研究，应鼓励科学家试错，包容失败。营造宽松的科研环境，促进不同学科领域交叉、碰撞的研究机制。尊重科学规律，利用跨学科的系统研究方法来理解农业、食品、生物质能源乃至大自然物质循环体系中各部分相互作用的关系，提高体系的整体效率和可持续性。科学研究是人类知识拓展的过程，是人类认识世界的经验积累，试错是探索的重要途径。基于科学理论开拓创新，避免空想。大多数科研项目是在摸索中前进，有很大的不确定性，而非按照项目申报时的既定方法、既定路径按部就班地开展。根据颠覆性创新的规律，基础研究和前沿技术可能并不等同于市场需求，需要在创新的过程中加以修正和改进，才能逐步地侵入原有价值体系。前沿技术一旦找到适合的商业模式，或是与其他技术组合并改进，就可以成为突破原有路径依赖的"使能"技术。基于科研的规律，对前沿技术项目采取基于路径创新的项目评价方法，聚焦认知扩展、关键技术和可能产生衍生集群的核心技术，重视科研管理的目标和本质。从当前农业科研发展方向来看，跨领域、跨学科的集成技术研究，更贴合中国农业技术需求。

8.4.2 鼓励公私部门合力解决制约农业发展的重大问题

与一般创新相比，颠覆性创新突破原有路径依赖，其风险更高、投入更大，条件更复杂。农业科研的公共品性质及周期长、转化链条长的特征，导致制定符合农业科研特征的激励机制难度高。企业对市场需求具有更敏锐的洞察能力、更强的产品开发能力和资源整合能力，但农业企业自身技术创新能力差、实力弱。我国亟须摸索出一套适应国情的有利于基础研究成果有效扩散至潜在的技术创新主体的体制机制，针对企业与科研部门合作的利益捆绑机制和成果分配机制，激励企业增加研发投入。目前，农业正在成为我国私人企业投资的"朝阳产业"，私人企业迎来了参与公共科技活动和创新创业的最好时期，也有具备一定实力的跨界企业新进入农业领域，但创新创业仍停留在跟踪国外、低水平复制阶段，跨界企业对农业特征、经营体制、农村社会不了解。目前政府对企业的支持手段简单，多采取项目或补贴方式，易扰乱企业的发展方向和市场，应重点完善税收优惠、金融便利、人才配置、资源共享等创新和营商环境建设，鼓励私人部门参与制约农业发展重大问题的协同研究和应用开发工作。

8.4.3 打通创新价值链

中国正处于经济社会转型期，特别在农业支持政策、生产模式、农村劳动力资源、生产性服务、技术推广模式等与农业产业密切相关的政策和模式处于转型、调整和升级过程中，农业颠覆性创新不确定因素较多。在新一轮科技革命与产业变革的大背景下，颠覆性技术可能源于重大的科学和技术突破，也可能是源于已有技术或多项技术的综合交叉。因此，要重视技术供给与市场需求的对接，重视企业在市场、消费、商业模式等方面的优势，开展科研部门与企业的协同与合作，帮助技术部门对颠覆性创新效果开展市场前景判断，政府部门应借助机制、模式、孵化器、技术转化中介组织等机制和制度措施激发科学技术本身的市场价值。应强化指导科学和技术发展的政策研究，走入基层发现和探索可复制、可操作的不同部门农业科研合作新模式，用政策和法规对新模式加以规范和推广。实施技术开发与制度建设并重的创新管理理念，推动和保障措施并举，打通创新价值链。主要包括加强基础研究的投入、税收减免政策、研发补贴、技术商业化项目、完善监管与监管体系、建立区域研究聚集中心、构建不同部门合作伙伴关系、建立第三方中介组织、进行创新能力建设等创新推动措施，吸引措施包括提升研发市场规模和优化结构、知识产权保护、贸易与国外投资自由化、政府购买承诺、奖励和奖金等创新保障措施。

参考文献

白俊红，江可申，李婧，2009. 应用随机前沿模型评测中国区域研发创新效率［J］. 管理世界（10）：51-61.

白俊红，李婧，2011. 政府 R&D 资助与企业技术创新——基于效率视角的实证分析［J］. 金融研究（6）：181-193.

曹博，赵芝俊，2017. 基于供给侧结构性改革的农业科技创新体系研究［J］. 科技管理研究，37（17）：36-41.

曹博，赵芝俊，2017. 技术进步类型选择和我国农业技术创新路径［J］. 农业技术经济（9）：80-87.

曹永生，2021. 果业高质量发展的内涵和路径［J］. 中国果树（4）：1-3.

陈国宏，康艺苹，李美娟，2015. 区域科技创新能力动态评价——基于改进的"纵横向"拉开档次评价法［J］. 技术经济，34（10）：17-23.

陈海宁，张强，沈彦辉，等，2021. 化肥减施对'烟富3'苹果叶片功能和果实产量与品质的影响［J］. 中国果树（4）：52-54.

陈耀，赵芝俊，高芸，2018. 中国区域农业科技创新能力排名与评价［J］. 技术经济，37（12）：53-60.

池敏青，许正春，刘健宏，2017. 省级农业科研机构科技投入产出相关性实证分析［J］. 科技管理研究，37（2）：111-116.

邓宗兵，封永刚，张俊亮，等，2013. 中国种植业地理集聚的时空特征、演进趋势及效应分析［J］. 中国农业科学，46（22）：4816-4828.

董莹，2016. 全要素生产率视角下的农业技术进步及其溢出效应研究［D］. 北京：中国农业大学.

窦青青，何青海，孙永佳，等，2021. 水肥一体化技术在苹果园中的应用研究［J］. 农业装备与车辆工程，59（2）：19-22.

杜俊娟，2016. 安徽农业科技创新能力评价研究［J］. 安庆师范学院学报（社会科学版），35（2）：99-104.

付三泽，宋伟，卓会敏，等，2020. 我国苹果种植业引发的环境问题及保护对策［J］. 安徽农业科学，48（11）：85-87，92.

傅晓霞，吴利学，2006. 技术效率、资本深化与地区差异——基于随机前沿模型的中国地区收敛分析［J］. 经济研究（10）：52-61.

高佳佳，赵芝俊，2018. 我国小麦生产的技术进步率测算与分析——基于随机前沿分析方法［J］. 中国农业大学学报，23（3）：149-157.

葛顺峰，朱占玲，魏绍冲，等，2017. 中国苹果化肥减量增效技术途径与展望［J］. 园艺学报，44（9）：1681-1692.

顾乃华，李江帆，2006. 中国服务业技术效率区域差异的实证分析［J］. 经济研究（1）：46-56.

韩俊，2015. 中国农业的双重挤压和双重约束［J］. 中国乡村发现（1）：1-6.

侯智惠，赵澍，梅连杰，等，2016. 内蒙古农业科技创新能力分析［J］. 北方农业学报，44（1）：96-101.

胡瑞法，时宽玉，崔永伟，等，2007. 中国农业科研投资变化及其与国际比较［J］. 中国软科学（2）：53-58.

克莱顿·克里斯，迈克尔·雷纳，2013. 创新者的解答［M］. 李瑜偲，林伟，郑欢袁，译. 北京：中信出版社：44.

克莱顿·克里斯坦森，2014. 创新者的窘境［M］. 胡建桥，译. 北京：中信出版社.

雷家骕，程源，杨湘玉，2005. 技术经济学的基础理论与方法［M］. 北京：高等教育出版社.

李琛悦，2019. 化肥减施不同模式对富士苹果树生长、结果的影响［D］. 杨凌：西北农林科技大学.

李谷成，2009. 技术效率、技术进步与中国农业生产率增长［J］. 经济评论（1）：60-68.

李洪文，黎东升，2013. 农业科技创新能力评价研究——以湖北省为例［J］. 农业技术经济（10）：114-119.

李强，2006. 基于内生增长理论的我国科技投入产出绩效评价模型研究［J］. 科学管理研究（4）：93-98.

李习保，2007. 中国区域创新能力变迁的实证分析：基于创新系统的观点［J］. 管理世界（12）：18-30.

林伯德，2010. 农业科技创新能力评价的理论模型探讨［J］. 福建农林大学学报（哲学社会科学版）（3）：54-59.

刘凤之，王海波，胡成志，2021. 我国主要果树产业现状及"十四五"发展对策［J］. 中国果树（1）：1-5.

刘和东，2011. 中国区域研发效率及其影响因素研究——基于随机前沿函数的实证分析［J］. 科学学研究，29（4）：548-556.

卢江勇，蒋和平，2008. 我国农业科技创新能力实证研究［J］. 新疆农垦经济（6）：19-25.

罗必良，2020. 中国农业经营制度：立场、线索与取向［J］. 农林经济管理学报，19（3）：261-270.

罗强，张晨，俞美莲，等，2014. 上海农业科技创新能力评价研究［J］. 上海农业学报，30（6）：13-19.

马兴栋，霍学喜，2019. 苹果标准化生产、规制效果及改进建议——基于山东、陕西、甘肃3省11县960个苹果种植户的调查分析［J］. 农业经济问题（3）：37-48.

马兴栋，霍学喜，2017. 生计资本异质对农户采纳环境友好型技术的影响——以病虫害防治技术为例［J］. 农业经济与管理（5）：55-63.

马兴栋，邵砾群，霍学喜，2018. 差序格局是否导致农户生产的"技术锁定"？——基于技术网络嵌入视角［J］. 华中农业大学学报（社科）（6）：20-28.

潘根兴，卞荣军，程琨，2017. 从废弃物处理到生物质制造业：基于热裂解的生物质科技与工程［J］. 科技导报，35（23）：82-93.

邱德文，2017. 生物农药——未来农药发展的新趋势［J］. 中国农村科技（11）：36-39.

申红芳，廖西元，陈金发，等，2008. 农业科研机构的效率评价及其影响因素分析——以四川省农业科研机构为例［J］. 中国科技论坛（10）：107-110.

申红芳，廖西元，胡慧英，2010. 农业科研机构科技产出绩效评价及其影响因素分析［J］. 科研管理，31（6）：126-135.

宋哲，王宏，里程辉，等，2016. 我国苹果产业存在的主要问题、发展趋势及解决办法［J］. 江苏农业科学，44（9）：4-8.

苏时鹏，郑逸芳，黄森慰，2011. 基于DEA-TOBIT模型的农业科技推广服务效率研究——对福建省306个农业科技推广项目的实证分析［J］. 技术经济，30（9）：90-95.

孙生阳，孙艺夺，胡瑞法，2018. 中国农技推广体系的现状、问题及政策研究［J］. 中国软科学（6）：25-34.

万尼瓦尔·布什，2004. 科学：没有止境的前沿［M］. 范岱年，袁解道，等，译. 北京：商务印书馆：96.

汪晓梦，2015. 皖江城市带区域科技创新能力评价实证分析［J］. 重庆交通大学学报（社会科学版），15（5）：41-44.

王冬，戴住波，张学礼，2016. 酵母人工合成细胞生产植物源天然产物 [J]. 微生物学报，56（3）：516-529.

王栋，陈源泉，李道亮，等，2018. 农业领域若干颠覆性技术初探 [J]. 中国工程科学，20（6）：57-63.

王厚臣，隋秀奇，田德志，等，2019. 梨树减肥减药双减优化栽培技术 [J]. 烟台果树（3）：47-48.

王留鑫，洪名勇，2018. 基于随机前沿分析的中国农业全要素生产率增长的实证分析 [J]. 山西农业大学学报（社会科学版），17（1）：30-35.

王真，郭继英，姜全，等，2019. 桃生产成本构成及变化趋势调查研究 [J]. 中国果树（5）：110-112.

王志丹，周腰华，赵慧娥，2010. 提升我国农业科技创新能力的思考 [J]. 沈阳农业大学学报：社会科学版，12（3）：272-275.

吴延兵，2008. 中国工业 R&D 产出弹性测算（1993—2002）[J]. 经济学（季刊）(3)：869-890.

武敏，2006. 农业科技创新能力评价研究 [D]. 北京：中国农业科学院.

肖文，林高榜，2014. 政府支持、研发管理与技术创新效率——基于中国工业行业的实证分析 [J]. 管理世界（4）：71-80.

邢祖礼，陈杨林，邓朝春，2019. 新中国 70 年城乡关系演变及其启示 [J]. 改革（6）：20-31.

徐策，2019. 海城市东南部地区南果梨用药现状调查与分析 [D]. 沈阳：沈阳农业大学.

徐强，郝玉金，黄三文，等，2016. 果实品质研究进展 [J]. 中国基础科学，18（1）：55-62.

徐荃子，2007. 西部区域农业科技创新能力评价研究 [D]. 北京：中国农业科学院.

徐洋，杨帆，张卫峰，等，2019. 2014—2016 年我国种植业化肥施用状况及问题 [J]. 植物营养与肥料学报，25（1）：11-21.

许朗，2009. 中国农业科研机构科技创新研究——能力、效率与模式 [D]. 南京：南京农业大学.

亚当·斯密，2011. 国富论 [M]. 郭大力，王亚南，译. 北京：译林出版社：87.

鄢朝辉，刘小春，黄文，等，2020. 果业重大技术协同推广满意度评价及其影响因素研究——以江西省为例［J］. 江西农业学报，32（11）：143-149.

闫光周，张婧，张勇，等，2019. 果园生草在果树肥药减施提质增效中的作用及应用［J］. 山西果树（5）：26-29.

严中成，漆雁斌，邓鑫，2018. 市场决定模式的新型农业科技创新：一个分析框架［J］. 科技和产业，18（7）：43-48.

杨传喜，黄珊，徐顽强，2013. 中国农业科研机构的科技运行效率分析［J］. 科技管理研究，33（4）：121-126.

佚名，（2019-02-18）［2020-07-04］. 转基因产业化红利怎样把握？我国作物基因编辑如何领跑全球？谢传晓、陈其军探讨生物育种技术发展潜力［EB/OL］. HTTP：//M. CHINASEED114. COM/NEWS/21/NEWS_100245. HTML.

杨曼路，王玉峰，杨薪游，等，2018. 金融发展、区域差异与农业上市公司研发效率［J］. 资源开发与市场，34（6）：832-837.

杨秀玉，2017. 基于熵权TOPSIS法的区域农业科技创新能力及收敛性分析［J］. 华中农业大学学报（社会科学版）（3）：42-50.

姚延婷，陈万明，2012. 区域农业技术创新能力评价：基于因子分析的实证研究［J］. 江苏农业科学，40（8）：378-381.

姚延婷，2012. 基于因子分析方法的区域农业技术创新能力评价研究［J］. 南北桥（1）：1-6.

于志军，杨昌辉，白羽，等，2017. 成果类型视角下高校创新效率及影响因素研究［J］. 科研管理，38（5）：141-149.

约瑟夫·熊彼特，2000. 经济发展理论：对于利润、资本、信贷、利息和经济周期的考察［M］. 北京：商务印书馆：278-279.

岳强，闫文涛，周宗山，等，2020. 苹果病虫害发生特征与防治策略［J］. 中国果树（6）：113-117.

张彩红，2021. 果树病虫害防治中农药使用污染问题及治理对策［J］. 农业开发与装备（2）：112-113.

张超蕾，周瑾洁，姜莉莉，等，2017. 微生物组学及其应用研究进展［J］. 微生物学杂志，37（4）：74-81.

张会芳，2017. 科技评价常用方法比较及农业科研机构评价方法建议

[J]. 农业图书情报学刊, 29 (4): 20-23.

张静, 2011. 我国农业科技创新能力与效率研究 [D]. 杨凌: 西北农林科技大学.

张凯, 冯推紫, 熊超, 等, 2019. 我国化学肥料和农药减施增效综合技术研发顶层布局与实施进展 [J]. 植物保护学报, 46 (5): 943-953.

张启发, 2016. 杂交水稻的辉煌50年 [J]. 科学通报, 61 (35): 3730-3731.

张学勇, 马琳, 郑军, 2017. 作物驯化和品种改良所选择的关键基因及其特点 [J]. 作物学报, 43 (2): 157-170.

张媛, 许罗丹, 2018. 基于SFA的微观企业能源效率及影响因素实证研究 [J]. 社会科学家 (5): 57-63.

赵博雄, 2013. 国家级农业科研机构科技资源配置效率研究 [D]. 北京: 中国农业科学院.

赵国屏, 2018. 合成生物学: 开启生命科学野会聚冶研究新时代 [J]. 中国科学院院刊 (11): 1135-1149.

赵黎明, 刘猛, 2014. 基于熵权TOPSIS的区域科技创新能力评价模型及实证研究 [J]. 天津大学学报 (社会科学版), 16 (5): 385-390.

赵明正, 赵翠萍, 李天祥, 等, 2019. "零增长" 行动背景下中国化肥使用量下降的驱动因素研究——基于LMDI分解和面板回归分析 [J]. 农业技术经济 (12): 118-130.

赵芝俊, 袁开智, 2009. 中国农业技术进步贡献率测算及分解: 1985—2005 [J]. 农业经济问题 (3): 28-36.

赵芝俊, 2006. 农业科研单位综合科研能力评估学术研讨会会议纪要 [J]. 农业技术经济 (4): 79-80.

周斌, 2018. 我国智慧农业的发展现状、问题及战略对策 [J]. 农业经济 (1): 6-8.

朱承亮, 李平, 2019-05-08. 提高全要素生产率的三个基本问题 [N]. 《中国社会科学报》(1687).

朱玉春, 黄增健, 2008. 我国农业科技创新能力区域比较研究 [J]. 商业研究 (9): 133-136.

庄德林, 罗碧静, 陈信康, 2018. "一带一路" 节点城市功能性机构集聚能力评价 [J]. 技术经济, 37 (3): 122-130.

AIGNER D, LOVELL C A K, SCHMIDT P, 1977. Formulation and estimation of stochastic frontier production function models [J]. Journal of econometrics, 6 (1): 21-37.

BARRO R J, 1999. Notes on growth accounting [J]. Journal of economic growth, 4 (2): 119-137.

BATTESE G E, COELLI T J, 1995. A model for technical inefficiency effects in a stochastic frontier production function for panel data [J]. Empirical economics, 20 (2): 325-332.

BATTESE G E, CORRA G S, 1977. Estimation of a production frontier model: with application to the pastoral zone of Eastern Australia [J]. Australian journal of agricultural economics, 21 (3): 169-179.

BUSH V, SMITH B L R, 1990. Science the endless frontier: a report to the president on a program for postwar scientific research [M]. Washington: The National Science Foundation.

CHEN T Y, TSAO C Y, 2008. The interval-valued fuzzy TOPSIS method and experimental analysis [J]. Fuzzy sets and systems, 159 (11): 1410-1428.

FUGLIE K O, HEISEY P W, KING J, et al., 2012. The contribution of private industry to agricultural innovation [J]. Science, 338 (6110): 1031-1032.

FUGLIE K O, SCHIMMELPFENNIG D, 2000. Public-private collaboration in agricultural research: new institutional arrangements and economic implications [M]. Ames IA: Iowa State University Press.

GONG B, 2018. Agricultural reforms and production in China: Changes in provincial production function and productivity in 1978—2015 [J]. Journal of Development Economics, 132: 18-31.

GRILICHES Z, 1998. R&D and productivity: The econometric evidence [M]. Chicago: University of Chicago Press.

GRILICHES Z, 1980. R&D and the productivity slowdown [J]. The American Economic review, 70 (2): 343-348.

GROYSBERG B, LEE L E, 2009. Hiring stars and their colleagues: Exploration and exploitation in professional service firms [J]. Organization science, 20 (4): 740-758.

KING J, TOOLE A, FUGLIE K. The complementary roles of the public and private sectors in U. S. agricultural research and develop-ment [R/OL]. Economic brief 138925, september 2012, United States department of agriculture, economic research service. https://ageconsearch.umn.edu/record/138925/files/eb19.pdf.

KLINE S J, ROSENBERG N, 1986. An overview of innovation [M]. Washington, DC: National Academy Press.

LIN J Y, 1991. Education and innovation adoption in agriculture: evidence from hybrid rice in China [J]. American Journal of Agricultural Economics, 73 (3): 713-723.

LUCAS JR R E, 1988. On the mechanics of economic development [J]. Journal of monetary economics, 22 (1): 3-42.

MEEUSEN W, VAN DEN BROECK J, 1977. Efficiency estimation from Cobb-Douglas production functions with composed error [J]. International economic review, 18 (2): 435-444.

MOWERY D C, ROSENBERG N, 1999. Paths of innovation: technological change in 20th century America [M]. Cambridge: Cambridge University Press.

ROGERS E M, CARAYANNIS E G, KURIHARA K, et al., 1998. Cooperative research and development agreements (CRADAs) as technology transfer mechanisms [J]. R&D Management, 28 (2): 79-88.

ROGERS E M, 1995. Diffusion of innovations [M]. London: Acmillan Publishers.

ROMER P M, 1986. Increasing returns and long-run growth [J]. Journal of political economy, 94 (5): 1002-1037.

RUTTAN V W, 1982. Agricultural research policy [M]. Minneapolis: University of Minnesota Press.

SAHAL D, 1983. Invention, innovation, and economic evolution [J]. Technological Forecasting and Social Change, 23 (3): 213-235.

SCHUMPETER J A, NICHOL A J, 1934. Robinson's economics of imperfect competition [J]. Journal of political economy, 42 (2): 249-259.

SCHUMPETER J A, 1989. The Theory of economic development [M]. New Brunswick: Transaction Publishers.

SOLOW R M, 1956. A contribution to the theory of economic growth

[J]. The quarterly journal of economics, 70 (1): 65-94.

UTTERBACK J M, 1996. Mastering the dynamcs of innovation [M]. MA: Havard Business School Press.

VOSS G B, VOSS Z G, 2013. Strategic ambidexterity in small and medium-sized enterprises: Implementing exploration and exploitation in product and market domains [J]. Organization Science, 24 (5): 1459-1477.

WANG S L, TUAN F, GALE F, et al., 2013. China's regional agricultural productivity growth in 1985—2007: A multilateral comparison 1 [J]. Agricultural Economics, 44 (2): 241-251.

WANG S, HESAY P, SCHIMMELPFENNIG D, et al., 2015. Agricultural productivity growth in the United States: measurement, trends, and drivers [R]. Economic research report 189, July.

YU D, HANG C C, 2010. A reflective review of disruptive innovation theory [J]. International Journal of Management Reviews, 12 (4): 435-452.